こだわらない とらわれない

天台宗ハワイ開教総長・大僧正
荒 了寛
Ara Ryokan

フォレスト出版

はじめに

一〇歳で仏門に入って、もう六五年が過ぎた。

振り返れば、それこそ山あり谷ありで、何と長い道のりだったことかと、つくづく思うね。

ときに悩み苦しみ、自分の境遇を恨んでみたり、置かれた環境から逃れたくなったこともあったなあ。

奥の深い天台の教えを学びきれていないことに苛立《いらだ》って、相変わらず自分は「打っても響かない〝割れ鐘〟のようだ」と自責の念にかられたことも何度あったかしれないよ。

この歳になって一日一日の大切さを感じている昨今だけど、いまだに些細《ささい》なことで思い煩《わずら》ったり、悩むこともあるから、まだまだ悟りへの道のりは遠いと思うほかない。

しかし、自分でいうのもおかしな話だけど、「年の功」とはよくいったものだね。

長く生きていると、いつも自分を励まし、心を穏やかにするための知恵は、どうにかこうにかつくもので、私は胸の内で、今回、本書のテーマとした「こだわらない、とらわれない」ということをずっと念じてきたように思うんだ。

何に対しても、こだわったり、とらわれたりしているのは、当たり前のことだけど、他人ではなく、しょせんは自分なんだよ。

人はなぜ悩み苦しむのかといえば、「こうあらねばならない」と自分で自分を縛ったり、身近な人、あるいは他人さえも縛ろうとするからだといえるね。

でも、この世に決められていることなんて何もなく、何事も常に変化し続けているというのが本当のところなんだな。

つまり、大きく大きく物事をとらえるようにして真理を知ることが大切で、そのために必要になるのが「こだわらない、とらわれない」という念じ方になるというわけだ。

これは仏教の無常（あらゆる物象は変化し続けていて、変わらないものなどない）という教えにまさに通じているよ。

こうしたことに気づきさえすれは、ほとんどの悩みや苦しみはなくなるに違いないし、胸のつかえなど霧散してしまうはずだ。

多くの方の心が、穏やかになることを願いながら、本書を書き進めたつもりでいる。少しでも皆さんのお役に立つことを祈りつつ……。　合掌

二〇一四年　九月

荒　了寛

こだわらない
とらわれない

目次

第1章

人生は力まず、あせらず、とらわれず

第2章

「人と人」の悩みは尽きないもの

第3章 仕事はこだわらない人ほどうまくいく

第4章 子供は「慈悲」で育つ

第5章

こだわりを捨てれば、明日の扉が開く

装幀／重原隆
本文フォーマット／二神さやか
ＤＴＰ／半田美香（有ミックスマックス）
編集・執筆協力／草野伸生
校正／鷗来堂

序にかえて

苦しくても心次第で幸せになれる

私が仏門に入ったのは、まだ一〇歳のときだった。「娘ばかりで後継ぎがいないから、下のせがれを寄こさないか」という相談に、父親が二つ返事で乗ったんだね。そんな父親の言いつけに従って、山向こうの天台宗のお寺に行かされた。

以来、七五年も仏さまに仕える身となったけど、幼かったあのときは、お寺に行く理由も仏さまのことも、まったくわからずじまいだったな。

お寺での暮らしは毎日、掃除とお経の練習ばかりで、本当につらかったよ。

寒い冬、お寺の長い廊下、本堂の床は冷たく、水桶《みずおけ》でぞうきんを絞る手はあかぎれだらけ。お経の練習も和尚さんが唱えるのを真似るだけ。

何も楽しいことはなかったなあ。

そして、いつも腹一杯のご飯と甘いものが食べたくて、夜、寝床につくと母親の優しさが恋しかったよ。

でも、くりくり頭の小坊主さんにも、それなりのお務めがあってね。お寺で檀家《だんか》の法事があると、みんな優しくしてくれたことが懐かしい。

お墓参りについていって、短いお経をあげてチーンとやると、檀家の人たちからお布施がもらえる。そのお金で買った饅頭《まんじゅう》を和尚さんに隠れてほおばったもんだ。それに、お彼岸になるとぼた餅ももらえたので、これが一番の楽しみだったね。

これまで何度も「荒さんが仏門に入られ、修行を積んでこられた理由はなんですか?」って尋ねられてきたけど、私が「父親の言いつけどおりにして、ぼた餅が食べられたからだよ」と答えると、みなさん目を白黒される。

だけど、これは本当のことなんだよ。

もっと真面目な、たとえば「立派なお坊さんになりたかったから」という答えなんて、ぜんぜん思いもしなかった。

仏教では、まだ幼い子供のことを「餓鬼《がき》」というけど、あの頃の私は文字どおり餓鬼だったわけだな。

誰しも、初めは親の庇護《ひご》のもとで成長していく。食べることも着ることも、赤子は自分で何もできやしない。

やがて、ことばがしゃべれるようになると、見たり聞いたりしたことが知恵となって、少しずつ人間の子供らしくなっていく。

ことばによって急に世界が広がるわけだ。

そんな物心がついた矢先の餓鬼から子供になる時期に、お寺の小坊主になったわけだから、物事の道理などわかるはずもない。

覚えているのは、凍えるような冬の寒さであり、冷たいお寺の床であり、おかみさんが出してくれた暖かいご飯の温もり、和尚さんの恐い顔、それに、お布施の五銭や十銭、お彼岸のぼた餅、年に一度の里帰りなど……。

つらかったことと楽しかったことが、ごちゃ混ぜだ。

でも、本当につらかったことといえば、家を離れた寂しさだった。

そうしたときは、ぼた餅が食べられる楽しみと、里帰りした時に母親に抱かれて寝ることを思ったりしたわけだけど、いま思えば、これは子供なりに身につけた知恵だったのかもしれないな。

つらいとか苦しいという気持ちは、楽しいことを思えば忘れることができるし、苦しくても心次第で幸せになれるからね。

だから、自然治癒力というのは、何も体を治そうという生命力だけじゃなくて、心も治そうとする能力のことも指すように思うよ。年齢に関係なく、いざとなれば、いつでもその力が発揮されるから、人は滅多なことでは心は折れないんだ。

僧侶は「死」が仕事、人の心を見るのが仕事

人は一生のうちに必ずといっていいほど、つらくて苦しい経験をするよね。けれど、滅多なことで心が折れないといえるのは、そのほとんどは長い時間をかければ癒されるからだ。

まして、過去の「ひもじい」とか「寒い」というつらさは、感覚として残っていても、ずっと続くものではない。いつか忘れることができるし、私のように案外懐かしい思い出に変えることもできるんだ。

とはいえ、つらさ、苦しさは、千差万別だ。それこそ生きている人の数だけあって、本当に心が折れてしまい、いつまでも癒えずに心の奥底にとどまってしまうこともある。

その最たるものが人との別離だよ。私も経験してしまったけど、とりわけ、

わが子を亡くすことほどつらく苦しいことはない。すでに小坊主のときに、私は何度もそうした光景を目の当たりにしてきた。

檀家のお葬式に和尚さんと行ってお経を唱えるんだけど、子供の葬式は悲し過ぎて親を見ていられなかったね。もらい泣きしてお経にならなかったよ。だから、「もう子供のお葬式は嫌だ」と和尚さんにいうと、おかみさんから「そんなことでは立派なお坊さんになれないよ」と諭されたものだ。

そのうち、どこかで子供のお葬式があると、「泣いてくれるから、あの小僧さんに来てもらいたい」といわれて、和尚さんは大人の葬式に、私は子供の葬式にという具合になったんだ。

そして、こういうことがずっと続くと、親子の絆《きずな》を確認し合うということ、そして諦めるということなど、子供ながらにいろいろと考えさせられたね。

要するに僧侶は「死」が仕事、人の心を見るのが仕事。

だから、人の泣き笑いとともに、自分も泣き笑いをするという機会は、他の職業より段違いに多くなるし、人間の絆、それを失ったときの人の悲しみ、つらさや苦しさをずっと見てきた。

しかし、仕事とはいえ、小坊主のときから「死ぬこと」について考えさせられると、まだ世のなかの「無常」を知るには早すぎたと、自分のことながらつくづく思ってしまうね。

人は「死」をなかなか諦めることができない。ましてわが子が亡くなれば、心が折れてしまうのは当然だ。

でも、愛する人がいたからこそ今の自分は生かされている。

このことに感謝して日々掌《てのひら》を合わせることが一番大切なんだと思うよ。

自分で自分を縛らない　依存しない
こだわらない

誰しも、いつまでも健康でいたい。もっと稼いでぜいたくもしたい。人から尊敬もされたい。やりがいとか充実感が味わえて、誇りが持てる仕事がしたい。いつも周りの人と明るく楽しく過ごすことができて、希望が持てる日々を送りたい……こう思うのが普通だろう。

でも、生きている限り、苦しみや悩みは尽きないものだ。

生・老・病・死の四苦、お金と物、地位や名誉に対する欲、仕事上の悩み、対人関係の感情的なもつれ、将来への不安……こうしたことへの不安を抱えていない人などいないから、生涯安楽で何不自由ない人生など、どう考えても絵空事としか思えないね。

だから、すべてのことから自分を解放する道を選べばいいと思うけど、人間の業《ごう》の深さが、なかなかそうはさせてくれない。

では、どうすればいいのか。

そんな「生きる極意」のようなものがあるのかといえば、「自分で自分を縛らない」「物事にこだわらない」「人や物に依存しない」の三つがポイントになるんだ。

自分は「こうあらねばならない」と思うから苦しむ。

いつまでも「執着する」から苦しむ。

「自分の心以外に頼れるものがあると思い込む」から苦しむ。

この三つの苦しみを避けるように努めればいい。

般若心経に「無無明《むむみょう》亦《やく》無無明尽《むむみょうじん》」ということばが出てくる。

ちょっと小難しいかもしれないけど、三つの苦しみを避けるために、ぜひ、その意味を知っておいてほしい。

「無無明（無明も無く）」

無明は智慧がなく、物事がよく見えないこと。つまり、無智で迷いに置かれている状態。

「亦無無明尽（また無明の尽きることも無し）」

無明は迷いのことだから、「無明の尽きること」とは迷いが無くなった状態、すなわち悟りのこと。その悟りに無いがついているから、悟りも無い状態。

「無明」は迷い、「無明の尽きること」とは悟りを得ましたときのこと。

この両方を否定することによって、迷いや悟りにこだわり、とらわれることをいましめている。つまり、迷いにふりまわされてはいけないし、悟りにふりまわされてもいけないという教えなんだな。これはなかなかむずかしいことだが、極意を体得すれば、生きるのはずっと楽になるよ。

第1章

人生は力まず、あせらず、とらわれず

苦しいときに、心はたくましくなる

私がハワイに赴任したのは一九七三年だから、もう四一年も前になるなあ。今東光《こんとうこう》先生（一八九八〜一九七七年）に「あんたみたいな人がハワイに行ってくれたら、天台宗もよくなる」とおだてられて、のぼせたのが運のつきだったということかな。

肩書きは「天台宗アメリカ開教初代総長」などと立派だけれど、寺なし檀家なしのスタートで、それこそ苦労の連続。子供の給食費が払えないことさえあって、妻と二人の子供につらい思いをさせたよ。

そうして、食いつなぐために、やむをえず始めたのが仏画を描くことだった。

それも、絵を学んだこともなければ、とくにそんな才能があったわけでもないのに、絵を描き始めたわけだから、無謀もいいところだよ。

でもね、「門前の小僧」とはよくいったものだ。仏像や仏画はしょっちゅう目にしていたから、自然に絵筆をとることはできたんだな。

以来、三〇年以上も旅をして、絵を描いては売ってという生活をずっとしてきている。まるでフーテンの寅さんのようだね。

日本でも個展を開くために、毎年四回ほどハワイから帰省し、その都度、講演会も行っている。

「苦労は買ってでもしろ」とは、よくいわれることだけど、私のような苦労なんか、しないにこしたことはないというのが実感だよ。

自分一人ならともかく、家族を苦労に巻きこんでしまったことが、いまだに悔やまれる。あのつらい時期、苦労に耐えていた妻の悲しい表情を忘れることはできない。

自分の意志が強ければいいように思うけど、それにも限界があって、苦労につき合わされるほうは、たまったもんじゃないよ。まして、小さな子供にまで我慢を強いるのは罪作りというもの。

苦労は人をみじめな気持ちにさせるし、元気を失わせ、卑屈にもする。それに、戦争を経験するなど、人は極限状態に置かれると、苦しみから逃れようとして、すぐそばの人を憎みだすところもあるから恐いね。

もちろん、苦労したせいで人間性が豊かになっていく人もいるけど、苦労し過ぎがあだになってしまう人もいる。いい人なのに、ついつい苦労自慢をしてしまう人が多いね。

人の苦労話は一度や二度なら聞くことができても、しょっちゅう聞かされれば嫌になるし、誰しも、そんな話など憂鬱《ゆううつ》になるから聞きたくないだろう。人にいえないほどの苦労をした人は、人知れず苦しみを胸の内にしまっている。だから自慢なんてしないし、逆に、人の苦しみを受け止める大きな優しさがあるんだよ。

苦しいときに、心はたくましくなる。逆境で底力がつく。

そうしなければ、心が折れてしまうからね。

本当に苦労が身についている人は、苦しみがなかなか消えないことがわかっている。自分から苦しみを人前にさらすことも、長く引きずろうともしない。苦しみから多くを学んでいるから、人に優しく接することができるんだな。

はた目から幸せそうに見えても、悩みや苦しみのない人なんていないよ。

人は自分の弱さを知って強くなっていくんだ。

だからこそ、他人の弱さをあげつらうことなく、批判することなく生きていたいね。誰でも自分と同じように悩みや苦しみを抱えていることを知って、自分から先に人の苦労を癒《いや》すようにしたいものだ。

苦しみの度合いが強ければ強いほど、それを癒すのに長い時間がかかる。とはいえ、その長い時間は、人の苦しみがわかる人であれば短くできるに違いないと思う。

私は、講演会の折などに、「人はなんで悩み苦しむのか?」とたずねられることが多い。

それは元をたどっていけば、煩悩《ぼんのう》の塊がウヨウヨしているからだけど、残念ながら煩悩が消えることはない。

だから、いつも次のように答えることにしている。

苦しみがなくなるのではない
苦しみでなくなるのだ

苦しみのない人などいない

立派な家に住み、ガレージに高級車が何台も並んでいても、その家の人が幸せとは限らないよ。

満ち足りているように見えても、人は必ずといっていいほど心の片隅に苦しみを抱えているものだ。生涯にわたって不安を感じない人もまた、いないだろうね。

人はなんで苦しむのかというと、自分では「思うようにならない」ことがあるからなんだ。

たとえば、お金がたくさんあれば物欲を満たすことができる。でも、当たり前のことだけど、それには限界があって、延々と心の問題は解消されないんだな。

まして、人に対してということになると、相手にも感情があるから、親子、兄弟、友人、知人などとの関係にも、ままならないことがいつも起きるんだ。怒り、恨み、憎しみ、妬み……そういう感情が絶えることはない。

そこで、この世には「思うようにならないこと」がたくさんあること、ほとんどの苦しみや不安は、自分が招いているのだと気づくことが大切になる。

そうでなければ、いつまでも心は穏やかにならないし、つまらない悩みが続くことになるよ。

それに、自分ではつらくて苦しいと思っていても、ほとんどの場合、それは心底傷つくほどのものではないはずだ。つまり、気分を明るくするのも、暗くするのも自分次第。心の持ち方でどうにでもなることのほうが多いはずなんだ。

どちらがよいかは自明の理だね。ささいなことで苦しみ悩んでいる自分を、早く解放してあげたほうがいいに決まっている。

何かにとらわれて「ちょっとつらいな」と感じたら、深呼吸ひとつ、散歩ひとつでも気持ちはずいぶん軽くなるはずだよ。

人は誰しも心を浄化させることができる。でも、自力で苦しみや不安から抜け出せないときは、素直になって人に甘えればいいんだよ。

何事もこうだと決めてかかるから、人はとらわれていることから抜け出せなくなる。それはちょうど、アリ地獄のようなもので、「思うようにしよう」とすればするほど、暗くて深い心の淵に墜ちていく。

場合によっては、ついにそうした状態から抜けきれずに、正気を失う人がいるけど、それは自分ではなく、ほとんどのことを人のせいにするからなんだ。そんな人は、ひと言でいえば「わがままな人」で、自分勝手だね。

つらくて苦しいのは自分だけと思い込んで、アリ地獄のようなところに墜ちていく自分が見えなくなっているし、ことばのトゲによって、助けようとする人さえも傷つけてしまうこともある。

ある心理カウンセラーのこんな話を聞いたことがある。

仕事上、また経済的にも自分の置かれた状況が悪くなってしまい、すべての悩みを周囲の人に必死に訴えようとした人がいます。

それも初めのうちは、普通に会話できていたのですが、次第に興奮して同じことを繰り返すようになり、眠ることもままならなくなりました。

やがて、夜中でもおかまいなしに、話を聞いてくれる人に電話をかけるようになって、何時間でも同じ熱弁をふるうことが続き、ついには精神病院に入院してしまいました。

心にたまった澱《おり》のようなものを、少しずつ自力で浄化することができていれば、ここまでひどいことにはならなかっただろう。

人間には煩悩があって、煩悩を忘れれば幸せになるとわかっていても、これがなかなかむずかしいんだな。

苦しくて当然
悪くてあたりまえと思っていれば
どんな人生もなかなかいいものです

時がたてば、苦しみも悲しみも必ず薄れる

人は「感情の動物」だ。

だから、いろんな出来事にあうたび、喜怒哀楽に左右されてしまう。

それも生涯、感情の起伏が続くわけだから、一生分の喜怒哀楽を合わせると、すごいエネルギーになるだろうね。

嬉しいとか楽しいっていうのであればいいけど、できるだけ、気分がめいるような負のエネルギーは消耗したくないものだ。

とくに苦しいという感情はコントロールしづらいから、心に傷を残しやすい。思い出すだけでもつらくなるし、長く引きずれば心のありかを見失って、本当に病んでしまうこともある。

なかには、せっかく治りかけている心の傷を、自分でまた引きはがしてし

まう人がいるね。それは決してよい結果をもたらさないし、時がたてば、苦しみも悲しみも必ず薄れるんだから、心の自然治癒力をもっと信じたほうがいい。

それに、人の心の傷も同じようにしてしまう人もいて、なんでそうするのか理解に苦しむものの、その原因をたどると、その人自身が過去に縛られているのを善しとしているからなんだ。

しかし、自分と同じように相手も傷ついたと思わなきゃ、過去の苦しみや悲しみは、いつまでも水に流せないことになるだろう。つまり、憎しみを憎しみで、怒りを怒りで静めることはできないというわけだ。

要は「目には目を、歯には歯を」で「やられたから、やり返す」では、やっぱりダメなんだな。

ついでにいうと、最近、日本に帰るたびに「嫌中」「嫌韓」「ヘイトスピーチ」といった文字をよく目にする。でもね、国と国、民族と民族のあいだにある問題も、このことと根っこは同じ気がする。

半世紀以上を過ぎてなお、感情をぶつけ合って過去の問題が解決するとでも思っているとすれば、きわめて愚かというほかない。

なぜなら、感情的になって、もつれてしまっている負の問題を、感情で処理することなどできはしないからだ。

また、こうして考えると、まるで世界の病巣のように、どうしようもない貧困、餓死や病死などが二一世紀になってもなくならず、そのほとんどが人為的、つまり人間の感情と欲望に起因していることが悲しい。

話が横道にそれたので、元に戻そう。

過去にとらわれるのは、ほとんどの場合、いまの心が弱くなっているからだ。どちらを大切にするべきかといえば、いつも「いまの自分」なんだよ。

とはいえ、過去に味わった負の感情と闘って、それを強引にねじ伏せようとしないほうが賢明だといえるし、自分と闘うのは疲れるだけなので、やめといたほうがいい。

それで過去の苦しみが消える保証はないし、へたをすれば「いまの自分」

を苦しめることになるかもしれないからね。

そんなことをしなくても、自然に心は立ち直っていくから、過去のつらい感情が静まるのを待っていればいいんだよ。

重い病気はゆっくり静養しなければ完治しない。これとまったく同じで、過去のことで弱った心をできるだけいたわるようにしていれば、必ず時間が解決してくれるはずだ。

旅行に行く、好きな音楽を聴く、おいしいものを食べる、親しい友だちとおしゃべりをする。そんな楽しいことをいっぱいすればいい。

すると、それまで関わってきた人とのあいだに生じた感情的なもつれなど、取るに足りないことに思えてくるし、苦しみや悲しみにとらわれている自分が小さく見えてくるじゃないか。

そして、いつも「いまの自分」のほうが大切だと思えば、前向きに生きることができて、「苦あれば楽あり」のご褒美が待っていると思うよ。

幸せそうな顔をしていれば
幸せになります

時にはがんばり過ぎないで、自分を許してみれば

がんばるのはよいことだ。

こう思い込んで、物事に取り組む人が多い。

たしかに努力すればするほど、相応の成果がもたらされるから、それは意義のあることかもしれない。

けれど、仕事、育児や家事、勉強や習い事、スポーツなどでも、がんばり過ぎると後々、無理がたたるよ。何事も休み休みでなければ続かないから、時折、ひと呼吸入れることが大事なんだ。

目一杯、アクセルを踏み続ければクルマのエンジンだってガタがくる。

自分の人生は自分であやつりながら進めるわけだけれど、もともと人間は四六時中がんばるようにはできていないんだな。

要は取り組んでいることにメリハリをつける必要がある。音楽の楽譜を見ると、五線譜上には必ず休符がある。休符のない音楽なんてないでしょ。クラシックにしろ、ジャズやロックにしろ、ガンガンした音が続けば聴くにたえないことになるし、リズムや音に強弱がなければ、メロディやハーモニーだって美しく響かない。

これと同じことで、がんばるには、積極的にならなければならない場合と、抑えなければならない場合のふたとおりある気がする。

スポーツにたとえるなら攻めと守りだ。攻めてばかりいては勝てないし、守ってばかりいても勝てない。また、格闘技の「柔よく剛を制す」ということわざも大切なことを指している。

ほとんどの場合、がんばろうとするのは、人に負けたくないからだ。「がんばり屋さん」は努力家と見られ、そう評価されることに人一倍意義を感じる人に多い。

しかし問題なのが、「自分だけがんばってきた」と、相手の気持ちを考えないで、自分の考え方を押しつける人がいることだ。

なんでそうなるのかというと、それこそがんばり過ぎて、文字どおり「無我夢中だった」意識から抜け出せないからなんだ。

「我を忘れて」がんばった。そんな自分が可愛くて仕方ないし、それゆえのガンコさと偏ったプライドがいつのまにか身についてしまっている。

たとえば、がんばって子供を一人前に育てた母親、誰よりも努力して技術を身につけたエンジニアや職人、必死に勉強してのし上がった経営者……そうした人たちは苦労してきただけに、みんな魅力的で優しいところもある。

でも、残念ながら「自分のがんばりが一番」と思っているから、いまひとつ寛大さに欠けるんだな。

人のがんばりや苦労を認めないところがあって、とりわけ、気が合わなかったり、嫌いな相手の場合には、本当の優しさが示されることはない。

それは、がんばり過ぎて自分を許すことをしてこなかったために、それがアダとなって、人を許すことを知らないからなんだ。

とくにありがちなのが身近な人とのあつれきで、「嫁姑問題」はその代表格に違いないね。

もちろん人によるけど、自分のことはさておいて、嫁いびりに精を出す姑《しゅうとめ》の話は永遠になくならないかのようだ。

夫の面倒と子育てに追われ、その上、掃除や食事など細かなことでも、理不尽な姑の怒りや叱責《しっせき》を買って、神経をすりへらしているお嫁さんが多い。

人間関係はむずかしい。なかなか理想どおりにはならないだろう。

でも、憎しみや怒りを感じる相手もまた、自分と同じようにがんばっているんだと、許す気持ちを持たなければ、結局、いつまでも自分はガンコのままで、つまらない人生を送ることになる。

では、そうしないためにどうすればいいか。

自分の葬式を想像してみることだね。

はたしてどれだけの人が心の底から泣いてくれるだろうか、と。

善いことも悪いことも
上手につきあっていくんだね
二度とない人生だもの

「こうだ」と決めつけるから、人生がつらくなる

思い込み。

これは何かにチャレンジするときに必要なことだ。強い思いは、現実のものになる可能性があるからだ。

仏教では、最初に仏さまの道に入りたいと思うことを「発心《ほっしん》」という。発心がなければ、修行への道は開かれない。

大リーグで活躍しているイチローやダルビッシュなどの野球選手だって、初めに「こうなりたい」と思ったから一流のアスリートになっているわけだ。もちろん、さまざまな条件はあるだろうけど、強く思い込むことは重要だ。

とくに子供の場合なら、それこそおとぎ話のような思い込みをするから、夢や希望ということばがぴったりするし、親はそうした子供の純粋な思いをか

なえてあげたいと思うに違いないよね。

何か新しい技術開発に取り組むエンジニアの場合であれば、こういう新製品を作りたいと理想を描くから、日標に向かってまい進することができる。

だけど、ここで忘れてならないのは、どんなに純粋な思いにかられ、熱心な努力の積み重ねがあったとしても、必ずといっていいほど失敗や挫折が待ちかまえていることだ。

なかなか思いどおりに物事が進まなければ、クサったり、暗い気持ちになったりもするし、誰かにグチったり、あたりたくなったりもするだろう。

では、そうしたときにどうすればいいかといえば、とりあえず「思いどおりにならない」と認識することだ。

こうだと決めつけずに、いったん冷静になって自分の思いから離れることが重要になるんだな。

なぜなら、「こうあらねばならない」と自分を縛りつけていると、前が見えなくなるからで、往々にして人はこの状態におちいりやすい。

それに、もともと自分がチャレンジしようとすることに、マニュアルのようなものなどないのに、最初から思考がマニュアル化してしまっている人もいる。

つまり、初めから「こうすれば、こうなる」と決めてかかってしまうわけだ。

しかし、人生に失敗や挫折はつきもので、そんな勝手な思いにとらわれていると、つらいことになるから、一度立ちどまってみる余裕がないといけないね。

たとえば、最悪の例としてあげられるのは、自分の子供は優秀だから東大に行ける、医者や弁護士にだってなれる、野球の才能があるからプロ野球の選手になれる……そんな決めつけで子供の人生を台なしにしてしまうことだ。

これは子供の親が、どんな世界にも上には上があって、プロの世界であるほど成功者はひと握りで、競争に負けてしまうケースのほうが圧倒的に多いことを忘れてしまっているからだけど、子供に対して期待が大きい親ほど、子供が成功するものと思い込んでいるから始末におえない。

自分の想像どおりにならないと、「こんなにお前のことを心配しているのに、なぜ……」などと悲嘆してみたり、子供の能力が期待はずれだとわかったとたんに、急に冷淡になって、親の責任を途中で放棄してしまう人がいる。

こうなると、親の思い込みにつき合ってきた子供にとっては、突然、はしごをはずされたようなもの。自分が打ち込んでいたことの目標を見失うだけでなく、好きだったことが嫌いになってしまうから不幸この上ないね。

だから、純粋に思い込むのはいいとしても、同時に失敗や挫折にも耐えられるように、親子ともども日頃から訓練しておくことが大切になる。どうしてもまっすぐに進めないときは「休むもよし」とゆとりを持つ。「違う将来だってあるよ」と考えておくことが重要なんだ。

そして、一流と呼ばれる人ほどその大切さがわかっていて、自分の思いを達成するための準備、つまり、常にプレッシャーに負けない努力を重ねていることを知っておくべきだと思うよ。

人生は曲りながら
折れながら
だが　まっすぐにひたすらに

不幸な境遇で育った人ほど、多くを学んでいる

いまの日本は本当に平和だ。

昔は食べることすらままならない時代があったんだからね。

お金のために娘が売られたり、小さな子供でも子守りや丁稚に出されたり。私の子供時代（昭和初期）には小学校の初等教育さえ、ろくに受けられない子供がたくさんいたもんだ。

それに、庶民の生活を根底からくつがえした戦争が一番いけなかったね。

私は一時期、天台学を習得するために、東京の大正大学大学院に在籍したけれど、あのころ、仙台と東京を行き来するたびに、上野駅、新宿や池袋などのガード下でもたくさんの浮浪児を見かけた。

戦災で家をなくした人、戦地で手足を失ったり、失明した傷痍軍人などの

列に並んで、物乞いをする子供たちのみじめな姿は、いまだに目に焼きついていて忘れることができないなあ。

彼らがその後、どんな人生を歩んだのか知るよしもないが、逆境を力強く生き抜いて、成功した人物が少なからずいたことが救いだ。

戦後の大都市はどこも焼け野原。

その〝荒れ地〟を開墾して作物を育てるように、日本は急速によみがえっていったのだから、天台宗を開いた伝教大師《でんぎょうだいし》（最澄《さいちょう》）が残した次のことばは、本当のことだと思えるね。

「一燈照隅《いっとうしょうぐう》　万燈照国《ばんとうしょうこう》」

一人ひとりが自分の身近な一隅を照らす。それだけでは小さな灯りかもしれない。しかし、一隅を照らす人が増えて万の灯りになれば、国全体を照らすことができる。

戦災孤児となって施設で育った者どうしが、大人になって結婚し、苦労をいとわずに商いに精を出して、ついにはお店をかまえるまでになった夫婦。空襲で家を焼かれ、火傷を負った上に天涯孤独になったものの、宗教に救いを求めながら産婆さんの資格を取って、赤ちゃんの誕生に喜びを見出した女性……。

こうした「一燈照隅」の話が、日本中いたるところにあったし、戦後、苦労しなかった人など皆無に等しいだろう。

誰しも、幸か不幸か境遇などわからないままこの世に生を受ける。

そして、境遇に恵まれない人ほど将来に立ち向かっていかなければならないから、多くを学ぼうとするし、人を思いやる優しさが自然に身につき、周囲の人を大切にする生き方ができるんだと思うね。

もちろん、人の生き方は、重いとか軽いというように比較はできないよ。それぞれ与えられた境遇を精一杯生きればいいんだ。

悪いのは、不安になったり弱気になったりしたときに、幸せに見える人と比べて自分の不運や不幸を呪うことだね。

それに、恵まれた境遇で育った人には、自分たちの苦しみなどわかりはしないと卑屈になってもいけない。

瀬戸内寂聴《じゃくちょう》さんは、

たくさん経験をして、たくさん苦しんだほうが、死ぬときに、ああよく生きたと思えるでしょう。

逃げていたんじゃあ、貧相な人生しか送れませんね。


と、おっしゃっている。

不幸な境遇に生まれ育っても、精一杯、幸せな人生を歩もうとして努力を怠らない人は、驕《おご》らず高ぶらず、たまには自分をほめてあげたらいいんだ。

人間の底力は逆境でつくられる

運命なんて自分で変えられる

前項の冒頭、「いまの日本は本当に平和」と書いたけれど、毎日のように暗いニュースが報じられていて、残念ながらすべての人が平和とはいえない。

とりわけ心が痛むのが、児童の虐待や死だ。幼い子を餓死させる。虐待して遺棄する。そんな悪魔のような所業が起きていることが信じられないよ。

厚生労働省によると、二〇一二年度に全国の児童相談所が対応した児童虐待の件数は六万六八〇七件で過去最高だというし、一一年度は九九人の子供が虐待や無理心中で死亡しているらしい。

また、全国五九九カ所の児童養護施設には約三万人、都の施設には約三〇〇〇人の子供が暮らしていて、多くの子供が虐待を経験しているそうだ。

しかし、こうしたなかで、大人の身勝手で不幸な境遇におちいってしまった子供たちを、少しでも元気づけようとがんばっている人がいる。

その人の名は坂本博之さんという。

「平成のKOキング」と呼ばれたボクシンクの元東洋太平洋ライト級王者で、引退後、坂本さんはお菓子をたくさん持って全国の児童養護施設を訪ね、子供たちのパンチを受け止めている。

先の東京都知事選挙の際に、どんな人に都知事になってほしいかをテーマとした朝日新聞（二〇一四年二月一日号）紙上で、坂本さんが「子どもを平等なリングに上げて」と題して語っていた、次のような記事に私はたいへん感動した。


〈前略〉


（私は）物心がつく前に両親が離婚して乳児院で育てられ、その後、一歳下の弟と遠い親戚に預けられた。

ろくに食事をさせてもらえず、一日の食事は学校の給食だけ。週末は給食もなく、近くの川でザリガニやトカゲを捕って飢えをしのぎました。親戚からは邪魔者扱いされ、家のトイレは使わせてもらえなかった。顔の形が変わるほど殴られたり、熱湯をかけられたりしました。

小学2年のとき、福岡市の児童養護施設に移され、死を意識することはなくなった。ボクシングに出会ったのは、施設の食堂でみんなでご飯を食べながら見たテレビ中継です。

命が脅かされているとき、ボクシング中継を見たとしても、ボクサーになりたいとは思えなかった。

〈中略〉

プロ引退後、全国の児童養護施設を回って、子どもたちをボクシングを通じて励まし、夢や希望の大切さを伝える「ボクシングセッション」をしています。

子どもたちに「今までの人生で一番うれしかったこと、一番悔しかったこと、一番悲しかったことを拳に乗せて打て」と言ってミットを構えます。

満面の笑みを浮かべて打ってくる子がいる一方で、みけんにしわを寄せて打ってくる子、涙を浮かべながら打ってくる子もいる。

みんなそれぞれ思いがある。傷つけたのは人であっても「それを受け止めるのも人なんだ」と伝えたいんです。

子どもには「運命なんて自分で変えられる。環境のせいにするな」と言っている。

人はがんばっている人を応援してくれる、人は応援してもらうともっとがんばれる。自分の経験からそう伝えています。虐待と貧困の連鎖を断ち切るのもお前たちだと。

でも、それは最低限の生活を保障して、平等にリングに上げてからの話です。子どもたちは大人の背中を見て育ちます。「最近の子どもは」と言って続ける言葉。あいさつができないとか、無気力だとか。大人は胸に手を当てて考えてみる必要があると思います。

〈後略〉

「本当に苦しんでいる子供に、いろんな理屈をいってもだめ。まずは、子供を抱きしめてやることが大切なんです」と瀬戸内寂聴さんはいっていたけど、坂本さんはボクシングという方法で、思いっきり子供を抱きしめているんだな。

生まれを選ぶことはできないが
生き方は自分で選ぶものです

人の不幸は自分の不幸
人の幸せは自分の幸せ

自分が「いま幸せか、それとも不幸か」と考えたとき、おそらく、一番最初に思うのは家族との関係だろう。

子供たちが幸せならば、自分たち夫婦も幸せと思える。親が不幸ならば、子供も不幸を抱えてしまう……というように。

もちろん、その延長線上には兄弟、恋人、友だちや仕事の同僚などがいて、鎖のように一人ひとりをつなぐ人間関係の輪（和）のなかで、誰しも自分の幸、不幸を感じているわけだ。

だから、家族を初め、周囲の人に心配をかけないように、個々人が幸せになるよう努めなければならないのだけれど、なかなかそう理想どおりにはいかない。

なぜかといえば、善し悪しは別として、身近な人の存在を忘れてしまうことがあるからなんだ。

人は自覚していないうちに、仕事が忙しい、何かに熱中しているなど、無我夢中の状況におちいりがちだ。それは悪いと決めつけることはできないし、むしろけっこうなことかもしれないよ。

とはいえ、冷静さを失った行動とは気づかずに、自分自身に言い訳をしたりして、いつも自分を気にかけてくれる人、愛すべき人がいることを忘れてしまうと、ろくなことにならない。簡単な話、もっとも身近な人に心配をかけることになるからだ。

ついでにいうと、「もったいない」「ありがたい」などの仏教のことばが、いまの日常語になっているけど、「心配」とはよくいったものだと感心するね。その意味は文字どおり「心を配る」ということだから、この二文字だけで、「人に余計な〝心配り〟をさせてはいけないよ」と教えている気がする。

そしてやはり、人間関係でもっしも尊重すべきは「信」……信頼し合うことだと思うね。

自分を信じ、身近な人を信じ、さらに他人を信じることで人間関係は丸く収まっていく。〝信〟は人を幸せにする接着剤のようなものだ。「愛」ということばに置きかえてもいい。

ところが、理想と現実は違う。

人間には煩悩があって、煩悩を忘れるのはむずかしい。ついつい自分に甘え、人にも甘えてしまうし、心配もかける。

理由はどうあれ、自分の心の弱さから、一番大切にしなければならない人との〝信〟を自ら壊してしまう（裏切ってしまう）ことがあるのはなぜか。

それは、多くの場合、自分のほうが先に〝信〟を得たい（愛されたい）と思うからで、なかなか先に〝信〟を示す（愛する）側になれないからなんだな。

しかし、いつも心穏やかでいたい、本当の幸せを得たい……そう願うならば、いつも自分から先に〝信〟（愛）を与えるように努めるべきで、私たち宗教家もこれを旨とする立場にある。

仏教のことばでいえば、伝教大師（最澄）が残した「妄己利他《もうこりた》…己を忘れ他を利する」ということになる。むずかしければ「もう懲りた」と覚えておくといいよ。

キリスト教の「無償の愛」ということばも、これとまったく同じで、見返りを求めずに人を愛することの尊さを教えている。

それに〝信〟は、何気ない日常生活のなかにもあることを忘れてはならないね。

たとえば、ご飯を食べるときに「ありがとう」と手を合わせる。こういう習慣も〝信〟であるし、〝信〟があるから人と人との信頼も信用も生まれ、人間関係の輪（和）も幸せになるのだから。

生きるとはなぁ
命をわけあっていくことなんだよ
だから　いたわりあっていくんだよ

迷いがなくなると、自然に良縁がやってくる

ハワイに行く前、私は、ハワイには日系の皆さんがいるわけだから、お寺を建てれば檀家が集まるだろう、くらいに軽く考えていた。

ところが現実はそうじゃなかった。

アメリカでは宗教団体は墓地を持たないし、みんな共同墓地だから、寺の土地にお墓を建てて檀家になってもらうという習慣がない。

天台宗以外の仏教の各宗派は、早くから布教を始めていたので、日系の人は、すでにあらかたお寺を決めていて、後発の天台宗にわざわざ宗旨替えする人はほとんどいなかったんだな。

だから、建物はあるにしても、檀家も信者も収入もゼロという状態が長いこと続いて、私たちの生活は本当に困窮してしまった。

あれはハワイに渡って八年目のことだった。

家内が「どこでもいいから旅に出ましょう」というので、時間もお金もないのに、ふたりでハワイ島に行くことにしたんだ。

そして夕方、ホテルのベランダから夕日が沈むのをふたりで見ていると、突然、家内が「日本に帰りましょう。私たちの力ではもうどうにもなりません。疲れ果てました」という。

このひと言がいいたいがために、家内は旅行に誘ったわけだ。

しかし、そのとき、伝教大師（最澄）の「一二年を経れば必ず一験を得ん（どんな凡人でも一二年ひとつのことをやり続ければ、何かが見つかる）」ということばが私の頭をよぎった。

自分たちはまだ八年だ。ここで諦めてなるかという思いもあったから、私は「もう一年だけがんばってみないか。それで見込みがなかったら日本に戻ってやり直そう」と思わず家内にいって、もう後がないと覚悟を決めた。

東京でまあまあの生活をしていた家族にとっては、毎日が地を這《は》うような思いだった。ところが、こうして覚悟を決めたところからまわりを見回してみると、それまでとは違った風景が見えてきた。

一番のどん底から眺めた世界は、それまでとはまったく別のものだったんだな。

覚悟を決めたおかげで、私は自分を冷静に見つめることができるようになったんだろうね。底にいるということは、これ以下もなければ、失うものがないということ……そう思うと、迷いがなくなってしまった。

つまり、家内の「私たちの力ではどうにもなりません」ということばが、私の迷いを振り払ってくれたわけで、私はそれまで以上に「人の縁」を大切にするようになったんだ。

もがくのをやめて「人の縁」に託すと、本当に縁とは不思議なもので、自然と良縁がやってくるよ。

手をこまねいていても何も起きないので、開教の翌年から始めていた文化教室（後のハワイ美術院）を広げようと思って、ある日本語学校の部屋を借りに行ったら、そこの人たちが立ちゆかなくて困っているという。全部ゆずるから学校を守ってくれと。

でもやるには金がかかる。

すると、たまたま日本からハワイを訪れていた女性がこの話を耳にして、日本に戻ってご主人に話をされた。この方は大手自動車部品メーカーの会長さんで、そういうことならば、と大金をぽんと寄附してくださったんだ。

それに、当時から日本語学校は生徒の獲得競争が激しいということがあって、どこの学校もスクールバスで送り迎えをしていたけど、当然、うちの学校にはそんなものはない。

しかしあるとき、別の用事で食事会に出かけたら、そこに著名な運送会社の会長さんがおられた。その方に余談で文化教室の話をすると、では、バスを寄附しましょうということになって、いま使っているバスは寄附していただいた二台目だ。

他にもいろんな方々に助けていただいている。

私たちが行き詰まるたびに不思議と縁がつながり、何とか窮地を脱してきた。でも、なぜそうなったのかといわれても「人の縁」としかいいようがないんだなあ。

思い切って
「ありがとう」といってみなさい
その一言で相手も変わるし
自分も変わるから

第2章

「人と人」の悩みは尽きないもの

怒りや憎しみを感じるのも、抑えるのも自分です

時代がどんどん進歩するにつれて、他人との競争に勝つことや、損得勘定だけで考える人が増えているように感じる。

人間関係で大切な「信」が薄れてきているんじゃないか。

大体、人の悩みというものは人間関係で起こるもの。会社などの組織に勤めているオトコたちなんて、ほとんど嫉妬のかたまりといってもいいくらいだよ。

すぐ人と比べたがり、ひがんだり妬んだり、成功できなければ、それを他人のせいにしてしまい、忙しいことこの上ない。

飲み屋にいけば、怒りや憎しみを吐き出すかのような人の悪口やグチ話が、あちこちから聞こえてくるでしょ。

あんまり大きな声ではいえないけれど、こうしたことは坊さんの世界にもあるから、本当にお笑いぐさなんだが、人は決して消えてなくならない煩悩で生かされているともいえるわけだ。

では、どうすればいいのかというと、いつもつまらない感情に左右されないように心の持ち方を変える。つまり、煩悩を「よい煩悩」にすればいいんだな。

たとえば、「たくさんお金がほしい」と思っているとする。それは自分の欲求を満たすためでなく、学校や病院をつくるため、社員をラクにさせるためだとすれば、思っていることに大きな意味が出てくる。

つまり、軸足を自分から他者に替えてみると、ただの煩悩（小煩悩）が「よい煩悩（大煩悩）」に変わっていくということなんだ。

妬み、うらみ、憎しみなど、心の底でわだかまってしまう感情はコントロールしにくい。仏教ではそれを「随煩悩《ずいぼんのう》」というけど、さらに「随煩悩」はいくつにも分けられるとされていて、とくに、次の一〇の「小随煩悩」には気をつけろと説いている。

「忿（ふん）」…腹を立てる。怒る。
「恨（こん）」…根に持つ。うらむ。
「覆（ふく）」…都合の悪いことをかくす。
「悩（のう）」…やりきれない思い。ひとりで苦しむ。
「嫉（しつ）」…他人の幸せを妬む。
「慳（けん）」…ものおしみをする。けち。知っていることも教えない。
「諂（てん）」…へつらう。人の心を引き、自分の誤ちをかくす。
「誑（おう）」…たぶらかす。いつわる。うそをいう。
「害（がい）」…人の心を傷つける。他人の痛みがわからない。
「驕（きょう）」…おごりたかぶる。人を見下す。

どれも、胸に手を当ててみれば思い当たることばかりだ。「小随煩悩」の

「小」は、単に小さいという意味ではなく、自分自身のためだけの煩悩をさしているのであって、じつは、これが煩悩の煩悩たるゆえんといえるね。

腹が立つことや思うようにいかないことは誰にだってある。でも、自分が小さいから「コンチクショウ！」と思うんだよ。

そんなときは、いつも大らかに構えて「この程度のことでくよくよするな。取るに足らないことじゃないか」と、自分にいい聞かせることが大事になる。

要は、欲を出さず何事もほどほどがいい。「他人のせい」じゃなく全部「自分のせい」にしてみればいいんだよ。

そして、やはり人間関係で大切なのは「信」……人への思いやりだ。

そのためには、相手がどうしてほしいのか、どのようにいってほしいのかを汲み取るようにしなければならない。だから、感動できる読み物や音楽、演劇、映画、美術などに触れて、想像力を磨くことも大切になると思うよ。

人のせいにしていることを
みんな自分のせいにしてみな
きっとうまくいくよ

迷惑はお互いさまだから、迷惑を拒んではいけません

自分さえよければいいという振るまいをする人は、身勝手な行いが周囲にどう影響するのかがわかっていないから、人に迷惑をかけることが多くなるよね。

協調性に欠けるので、当然、社会の〝鼻つまみ者〟になってしまうわけだけど、その原因をさぐると、どうも自分を甘やかすことばかりしてきて、周りの人も、その我がままぶりを仕方なく許してきたからとしか思えない。

たぶん、そうした芽は子供のころに植えつけられたものだろう。甘えん坊に育っていれば、いつまでも一人前の大人になれないことになるよ。

それに、人に迷惑をかける人は、よく幼児性が抜けていないといわれるとおり、安易でラクな道ばかり歩んできたせいか、我慢することを知らないし、

ちょっと人に迷惑をかけられただけでも感情的になりがちだ。すれ違いざまに肩が触れただけでカッとする人。たわいもない冗談なのに目くじらを立てる人。少し礼儀を欠いた程度なのにすぐ怒る人……こうした人が引き起こすささいな諍《いさか》いが毎日あちこちで起きている。

あるとき、私も東京の地下鉄に乗っていて、迷惑を勘違いしているこんな場面に遭遇した。

ワーワー泣き叫ぶ幼い女の子と母親が息せき切った様子で乗り込んできた。せき立てられたからなのだろうか、いっこうにその子は泣きやまない。

さて、母親はどうするかと思いきや、それこそ鬼のような形相で、「うるさい！　迷惑だ！　泣くな！」といって、何度もその子を叩いたので、余計に子供の泣き声は大きくなるばかり。

すると、そこに年配の男性が近づいていって、

「うるさいのも、迷惑なのもあなたのほうだ。そんなに叩いて子供が泣きやむはずないだろう」と、母親を大声で叱責したので、母親は、「あんたに関係ないでしょ。私はこの子をしつけてるんです。私の気も知らないで！」とその男性にくってかかって、興奮する一方。

で、これを見ていた周りの乗客も黙っていられなくなったのだろう。「可哀想だろう！」「叩くな！」という声が何人からかあがったので、母親の初めの勢いは消え失せて、子供と一緒に萎縮《いしゅく》するばかり。

そして、その男性が次に何といったかというと、

「いいですかお母さん。迷惑はお互いさまでしょ。ここにいる人の誰も子供さんの泣き声を迷惑だなんて思っていませんよ。だって子供はよく泣くじゃないですか。それが当たり前じゃないですか。何も子供さんは悪くないでしょ」と、母親に諭すようにいったので、ついに母親は冷静さを取り戻して、涙を浮かべながら男性と周りの人に頭を下げた。

私は、この男性のことばに感心させられたのと同時に、まだ泣きじゃくっている女の子が、まるで母親を守るように母親の膝にしがみついて、その男性と周囲の人たちをにらんでいる目に魅せられた。ひどい仕打ちを受けたのに、どんな母親であっても母親は母親……その目は母親を頼りにしていることを物語っていて、何となく安堵したわけだ。

ここでもやはり〝信〟の大切さを考えさせられたね。

ついでに、ここで仏教の忍辱《にんにく》ということばに触れておきたい。その意味は、簡単にいえば、いつも心を平静に保って、他から加えられる屈辱や苦痛に耐え忍ぶということ。それに、忍辱には次の二つの意味が含まれていることも知っておいてほしい。

生忍（しょうにん）…恥辱、侮辱、暴力を受けても怒らない。おだてられても喜ばない。

法忍（ほうにん）…物事への執着心を捨てて、仏さまの教えに学ぶ。

狭い道ゆずれ
広い道急げ
近い道気をつけよ

人に寄りかかってばかりいると、「自分を生きる」ことにならない

迷惑といえば、人に寄りかかってばかりいる人っていうのも迷惑なものだな。

それは、心のよりどころを間違えてしまうからだけど、親や兄弟、友人や同僚だけでなく、他人にもつまらない思いをさせることがある。本当の心のよりどころは、自分の内側にしかないってことを知る必要があるんだな。

つらい状況におちいったときこそ、その人の生き方が問われる。

極端なことをいえば「人生最大の敵は自分」なんだ。

ところが、気持ちの弱い人は、悩みや苦しみから逃れるために人に甘える傾向が強い。何をどうすべきか、自分で考えずに人まかせにしてしまうところがあって、人のいいなりになってしまう危険性もある。

でもね、自分の人生を良くするのも悪くするのもすべて自分次第でしょ。だから、押し寄せてくる悩みや苦しみとの葛藤を怖れてはいけないし、人まかせにして逃げてばかりいては、本当に自立することにはならないんだな。

そこで、人に寄りかかってばかりいる人の集団を考えてみるといい。

そんな集団はリーダー不在で、当然、責任を負う人などいないわけだから、組織として機能するはずもない。逆にリーダーばかりでも「船頭多し」となって困りものだけどね。

このことは、ちょっと余談ではあるものの、組織力ということを考えたときに、非常に重要なポイントになる。

組織はリーダーがいて、それをフォローする人がいて、各分野で機能する人がいて成立しているわけだけど、各自は自分の物差し（スケール）を持っているようなもの。そのスケール内の力を目一杯発揮したときに、組織としての力が最大限に発揮されるはずだ。

簡単な話、強い人もいて非力な人もいるというのが組織の構図で、その平均値が組織力ということになる。

たとえば、野球なら四番バッターも必要だけれど、バントがうまい選手も必要でしょ。サッカーにしても、オフェンス（攻め）とディフェンス（守り）のバランスがよくなければ戦えない。

多かれ少なかれ、そこには助け合う関係があるわけだ。助けてもらってばかりいれば、組織からはじかれてしまうのは当たり前のこと。

よく「自分探し」ということばを聞くけど、海外旅行に行こうと、何か習いごとをしようと、むずかしい本を読もうと、それはあくまで手段でしかないということにも気づかないといけないね。

何であれ、見聞を広めることは、いいに決まっている。

とはいえ、自ら求めて経験することの最後に心に残るものが大事なのであって、その蓄積が「自分探し」に役立つということなんだ。

このあたりを誤解していると、せっかくの「自分探し」も、面白かったとか、ためになったという程度の単なる物見遊山に終わってしまうだろうね。

最近は日本も就職難だ。若い人たちが思いどおりの職につけないので、クサったり、絶望的な気持ちになって、何を人生の目標にしたらよいかわからないから、ただ何となくすごしている。こうした人が増えているようだ。

仕事についている人のなかにも、将来に希望が持てずに、現状に不安を感じている人が増えている。長い不況のせいもあるだろう、年間約三万人もの自殺者がいるというのも時代を反映しているように思う。

真面目な人ほどマイナス思考におちいりがちだが、つらい状況がずっと続くわけはないし、必ずチャンスがくると楽観的にかまえて、自分らしく生きることを基本にすえて、日々の生活が乱れないことが大事だよ。

なかなか自立できないからといって恥じる必要もない。恥ずべきは、自分の人生が思うようにいかないことを世間や人のせいにして、だから人に寄りかかってもかまわないと思い込み、大切な人生を「自分の心の外」にゆだねてしまうことだよ。

それでは「自分を生きる」ってことにはならないんだな。

助けてもらってばかりいると
助からないよ

依存心ほど、心もとないものはありません

好むと好まざるとにかかわらず、人は現実の厳しさにさらされて翻弄《ほんろう》される。人生は山あり谷ありだから、つらくなったり、悩んだりすることもある。

仕事がうまくいかなくなって経済的に困窮する。そのせいで家族ともうまくいかなくなる。相談に乗ってくれていた友人との関係もぎくしゃくする。四面楚歌《しめんそか》におちいり、将来に希望が持てなくなって、自分はダメなやつだと思い込む……。

しかし、どうだろうね。

そうしたつらい状況を迎えてもなお、こうなったのは「世の中のせい」だとか「会社のせい」「あいつのせい」などと勘違いしている人が多くないかな。

私にいわせれば、どんなに厳しい現実におかれたとしても、すべてはしょ

せん、自分が招いたこと。自分を甘やかしたせいなのだから、それは責任逃れもはなはだしいし、傲慢にすぎる。

では、なんでそんな勘違いをするのかといえば、死線を乗り越えるような経験をした人、食べることもままならないつらさを味わった人などとは大違いで、つらさや悩みをいつも周りの人たちに負わせてきたために、まだまだ本人の気持ちに余裕があるからなんだな。

当然、そうした人は、人の苦しみや悲しみも十分に汲み取ることができないし、なかなか自立することができないね。

自分の力が及ばなきゃ、その分、人に依存しなければならんことはあるだろう。けれど、その許容範囲が問題で、いつも人に甘えてばかりいては、いつまでも自信など持てるはずもないよ。

さらに、ここで付け加えておかなければならないのは、依存心が強いと心に隙間ができて、さまざまな誘惑にかられる危険性が高くなるということだ。

芸能人が麻薬や危険なドラッグに溺れたり、プロのスポーツマンが筋肉増強剤に依存してしまったり。

あるいは、ギャンブルやアルコールの依存性から抜け出せなくなった話。わけのわからない宗教を盲信する。効果が科学的に立証されていない健康食品や化粧品を信じてしまう。根も葉もない儲け話に乗って大損する……などなど。

いずれも自信のなさ、心の弱さのあらわれだ。そうしたことに依存して得られるものなど何もないし、あるとしてもそれはすべてまやかしなんだな。

よく「信じる者は救われる」といわれるとおり、何かを信じきることで心のやすらぎや充実感が得られるということがある。でも、信じて何もかもを依存するのは、いわば心をあずけてしまうことと同じだから、本物か偽物かを見極める目を持たなければ、危険この上ないね。

また、ときには趣味に興じるなど、気をまぎらわせるための時間はあっていいが、仕事をほったらかしにしたり、誰かに迷惑をかけたりするようではいけない。やっぱりそれは程度の問題なんだな。

要は、何に対しても依存せずに自信を持って立ち向かいたい、もっと強い自分に生まれ変わりたいと思うなら、状況を悪くしてしまった原因は、すべて自分にあるということを自覚して、一度どん底に落ちればいいんだよ。

すると、もうこれ以上失うものはないという覚悟ができて、まったく新しい光景が見えてくるはずなんだ。同時に、それまでの自分のずるさ、甘さ、つまらないプライドにも気づいて、人に感謝する気持ちがよみがえってくるだろうし、心穏やかになっていくに違いないよ。

自分の心の隙間は、自分の力で埋めるしかない。そして、そのために欠かせないのが知識であり教養なんだ。

常に自分を高めようとする強い意志と努力こそが、自信をもたらしてくれる唯一の方法だね。その積み重ねによってブレずに生きることができるし、自分も身近な人も幸せになれると思うよ。

心がしっかり定まっていないと人の言葉に乗せられ転ばされる

つらくなると人を憎みたくなるのは、心が満たされていないから

前章の冒頭で、「人は極限状態に置かれると、苦しみから逃れようとして、すぐそばの人を憎みだすところもあるから恐い」と書いたが、戦争のような状況でなくても、悲しいかな、どうしようもない煩悩から、何の関係もない人を憎む人がいる。

個展の用事で日本に帰省したときに、たまたま手にした新聞（朝日新聞・二〇一四年一月二五日号）の『悩みのるつぼ』と題する人生相談コーナーを読んで、大変びっくりした。相談欄の内容はおおよそ次のようなものだった。

相談者は中年の主婦。ご主人はだいぶ年上で、安定した職に就いているので生活は優雅。ただ、若い時につらい思いをしたことなどから、子

供などいらないと決めていたので、欲しい気はあったものの、子供はいない。

けれど、子供がいないために強い妬みと劣等感に悩んでいる。

子連れの女性を話題にした新聞記事を読んだりすると寂しくなる。芸能人に子供ができたといったニュースに触れるとうらやましくなって、殺したいという衝動にさえかられるという。

買い物に出かけて、スーパーで小さな子供を見かけると、わざと足を踏んだりして傷つけたくなる。以前は、成績のいい友達をうらやんだ。いまは順調に家庭を築いている人が妬ましい。

一見、穏やかに見える日常生活の中にも、こんなに恐ろしい女性が紛れていると思うとぞっとするね。

このコーナーの回答者はあの美輪明宏《みわあきひろ》さんだったわけだけれど、諭すように述べていた助言の適切さには本当に感心させられた。その骨子と結論は次のようなもので、嫉妬心や劣等感に悩む人には参考になるはずだ。

これは叱るしかないタイプ。なんてひどい性格でしょう。

「他人の人生が羨ましくなって、殺したいという衝動にかられる」なんて尋常ではない。相談者の精神構造は歪んでしまっていて、妬み、そねみ、ひがみでいっぱいのようです。

幼い子供は他人の子供でもかわいいものなのに、「スーパーで小さな子供を見かけると傷つけたくなる」とは恐ろしい女性ですね。

世の中では子殺し、親殺しが絶えません。夫婦2人でいれば息災であったものを、子を持ったがために不幸になった家庭がたくさんあるのです。

芸能界でも、子供のために長い芸能生活に大きな汚点を残すことになった気の毒な人もいます。相談者はなぜ、そうしたことは目に入らないのでしょうか。

夫婦水入らずで、子のために苦労することもなく、青春が続いているようでありがたいと夫に感謝しなさい。心に優しさ、上品さを常に維持できるように努めるのです。

子育てよりも、まず「自分育て」が先決でしょう。子育てはたいへんなことです。自分も育てられない人間が、子供を育てられるはずがありません。

この相談者は、自分の強い嫉妬心と、劣等感に悩んでいる。その大きな理由として「子供がいないこと」をあげている。でも、じつは相談者の心の底に巣くっているどうしようもない自我と執着心が問題なんだな。

人間は自我と執着心から生じるさまざまな欲望によって苦しむ。

この相談者もまた、子供という愛の対象に執着して「愛する」という自我をコントロールできないがゆえに苦しんでいるんだね。

では、どうすればよいのかといえば、自我や対象に執着しないことだ。

他人と自分の境遇を比較しても心を満たすものはみつからないよ。

うらむ人も　憎む人も
いてくれたおかげで
今日がある

他人は他人、ありのままの自分でいい

他人と比べて悩む人があまりにも多い。
「あの人は自分より頭がいい」「自分は○○さんに比べて仕事ができない」「××さんより自分は容姿が劣っている」などと自分を卑下して、つまらない劣等感を抱いてしまうわけだ。

でもね、それってあなたが勝手に判断してるだけでしょ。もともと何の意味も持たないし、嫌な気持ちになるだけだから、他人と比較するのはやめたほうがいいね。

人は成長するにつれて価値観や判断力を持つようになって、たとえば、人の容姿についてきれいだとか醜いと思ったり、あの人は純粋で美しいとか、反対に汚いなどといったりしている。

でも、よくよく考えてみると、何がきれいで何が汚いのか、定まったものなんてないし、勝手に「そうに違いない」と判断しているだけなんだよ。

しかも、成長するにしたがって、本来、純粋で無垢《むく》であった心のありようが、次第に濁ってくる。その判断はあくまで自分流のこだわりにすぎないから、他人にしてみれば間違った判断、偏った見方ということになりがちだ。

では、なんで他人と比べてしまうのかといえば、そうすることでしか自分のことがわからない（客観視できない）から。自分の心以外のどこかに、劣っているところを満たしてくれるものがありそうだ、と誤解しているんだ。だから、何かの点で、人より劣っていて「自分はダメだ」と感じたときは、まず人と比較することをやめるべきだね。

要は、自分に自信が持てないから悩むわけだけど、先にも述べたとおり、誰しも各人各様の物差しのようなものを持っていて、その長さも目盛も皆違うわけだから、何であれその範囲で頑張ればいいんだよ。

私たちは何でも相対的にとらえる傾向がある。

生と死、美と醜、賢と愚、あるいは明暗、大小、長短など、これらを相反するものとしてとらえてしまう。

だけど、その基準のようなものは、実はどこにもないというのが真理だ。好きだとか嫌いだとか、幸福だとか不幸だとかいう気持ちが勝手に起こって、苦しんだり悩んだりしているんだな。

ところで、「他人と比べる」ということではもうひとつ問題がある。

それは他人と比べて優越感を持つ人がいるってことだ。

各人の個性が協調していれば何も問題ないものの、自分の能力を買いかぶっている人がいるから、妬み、うらみ、憎しみなどの感情のもつれが起きて、人間関係をおかしくしてしまう。

優越感にひたりやすい人は、「そんなことも知らないの？」という言葉を吐いたり、「自分の方が上だ」という態度をとったりもするので、それが「いじめ」や「差別」につながることもあるよね。

どうして優越感を持つのかといえば、常に何かと比較して自分の知識や能力のレベルを確認することがクセになっていて、比較すること自体が知識や能力だと勘違いしているからなんだ。

そうした人は知識が豊富で頭もよく、自分の見識を守ろうとするから、論破されないように理論武装もしっかりしているので始末におえない。

しかし、物事の本質は、頭のよさや知識だけではつかめないし、見識の高さにあぐらをかいているようでは、よくいう「頭でっかち」にすぎないよ。

つまり、学び知ったことを何かの形にして、人のために役立ってこそ本当の智慧といえるんだな。物事に定まったものなどないことを教えている般若心経の「不垢不浄《ふくふじょう》」「不増不減《ふぞうふげん》」ということばに学ぶべきだね。

不垢不浄……どんなものでも汚れてもいなければ清らかでもない。汚い、きれいだとこだわる心を捨てなさい。

不増不減……万物は増えることもなければ減ることもない。増減に一喜一憂する心を捨てなさい。

他人と比べるのをやめると人生はぐっとらくになるよ

人に同情し過ぎると、巻き込まれやすい

世の中には、「迷惑かもしれませんが、お願いできませんか」と頼まれたりすると、お人好しからか、責任感からか、よく考えずに人の役に立ちたいと思う人がいる。

たとえば、学校のPTA役員、町内会の役員など、一銭のトクにもならないことを引き受けて地域活動に貢献する人。スポーツに興じる子供を支援する人。何かのボランティア活動に汗を流す人……いずれも立派で尊いことであるのは間違いない。

しかし、納得ずくで自ら「よかれ」と思っていても、自分が示すことができる優しさには、限りがあることをわきまえておかなくては、思わぬ事態に巻き込まれかねないから、注意が必要だよ。

優しさゆえの同情が、自分の肩の荷を重くしてしまうことがある。何もかもひとりで背負い込んで、自分を潰してしまうことだってあるからね。

人間関係では「信」が大切で、人を思いやる心を持たなければと、これまで何度か述べてきたけど、優しさと同情を混同すると、本当の〝信〟を示すことにはならないんだな。

たしかに、人から頼まれたことに真摯《しんし》に向き合い、できるだけ協力することは大切なことではある。とはいえ、同情し過ぎると、そこに誤解が生まれたり、解決すべき問題の焦点がぼやけてしまったりするんだ。

そもそも「自分のことさえよくわからない」という人がたくさんいるのに、それをどうやって斟《しん》酌《しゃく》して同情しろというのか……。むしろ、ヘタに同情するとトラブルの種になるかもしれないじゃないか。

何かの地域活動に貢献するにしても、そこに集う人たちは、ただの仲良しクラブと違って共通の目的を持ち、一緒に問題を解決したり、トラブルを乗り越えていく仲間ではある。だけど、そのなかで、各人の個性なり人柄なりを認識しておかないと、「出しゃばり」とか「目立ちたがり屋」「仕切り屋」などと、誹謗《ひぼう》、中傷を買うことになりかねない。

一対一の人間関係の場合は、とりわけ優しい人であればあるほど、相手の苦しみや悩み、あるいは相手の弱点なりを、何とかしてやりたいと思うだろうが、相手が本当に自立することを考えてあげないと、「ヘタの考え休むに似たり」ということになってしまうよ。

相手の自立を願ってアドバイスをするというケースは、仕事上ではよくあることだ。その場合も、あらかじめ心しておかなければならないのは、同情し過ぎると、かえって相手のためにならないということだね。

電話の受け答え、来客への対応、書類の整理などなど、どれをとっても上手くできずに、いつまでも半人前というのはいるもんだよ。

そして、何でそうなるのかといえば、知識や教養も大いに関係するけれど、基本的に素直でないからなんだな。素直であれば、人はいくつになっても成長する余地がある。

だから、そういう人は、初めのうちは仕方のない面はあるにしても、同情する回数もアドバイスする回数も限定して、それでダメであれば、本当に自立させるために突き放すしかないんだ。

ところで、人には同情心や犠牲心があるから、それが自分の立ち位置を見誤らせるということも知っておくべきだね。

ベストセラーになった渡辺和子さん（ノートルダム清心学園理事長）の『置かれた場所で咲きなさい』（幻冬舎）という著書のなかにこんな一節がある。

生前、私が教えている大学に来て学生たちに話をしてくださったマザー・テレサは、どこから見ても「宝石」とは考えられない貧しい人々、孤児、病者、路上生活者を、「神の目に貴いもの」として手厚く看護し、〝あなたが大切〟と、一人ひとりに肌で伝えた人でした。マザーの話に感激した学生数人が、奉仕団を結成して、カルカッタに行きたい、と願い出たことがあります。それに対してマザーは、「ありがとう」と感謝しつつも、「大切なのは、カルカッタに行くことより、あなたたちの周辺にあるカルカッタに気付いて、そこで喜んで働くことなのですよ」と優しく諭されたのです。

この一節が何を教えているかというと、まさにこの本のタイトル「置かれた場所で咲きなさい」というメッセージどおりなんだなあ。

郵便はがき

料金受取人払郵便

牛込支店承認

4028

差出有効期限
平成27年5月
31日まで

162-8790

東京都新宿区揚場町2-18
白宝ビル5F

フォレスト出版株式会社
愛読者カード係

フリガナ お名前	年齢　　歳 性別（ 男・女 ）
ご住所 〒 ☎ （　　） FAX （　　）	
ご職業	役職
ご勤務先または学校名	
Eメールアドレス メールによる新刊案内をお送り致します。ご希望されない場合は空欄のままで結構です。	

フォレスト出版の情報はhttp://www.forestpub.co.jpまで!

フォレスト出版　愛読者カード

ご購読ありがとうございます。今後の出版物の資料とさせていただきますので、下記の設問にお答えください。ご協力をお願い申し上げます。

●ご購入図書名　「　　　　　　　　　　　　　　　　」

●お買い上げ書店名「　　　　　　　　　　　　　　」書店

●お買い求めの動機は？

1．著者が好きだから　　2．タイトルが気に入って
3．装丁がよかったから　　4．人にすすめられて
5．新聞・雑誌の広告で（掲載紙誌名　　　　　　　　）
6．その他（　　　　　　　　　　　　　　　　）

●本書についてのご意見・ご感想をお聞かせください。

●ご意見・ご感想を広告等に掲載させていただいてもよろしいでしょうか？

□YES　　□NO　　□匿名であればYES

遠からず　近からずで
心と心は　ほどよく温かになる

人間関係は我を張らず、おぎない合えばうまくいく

人はそれぞれ生い立ちも育ち方も違っていて、身体能力や学習能力も各人各様だ。当然、性格も異なるから、気の合った者同士が仲良くなり、その逆もある。

人を悩ませるのがこの逆の場合、つまり、相性の悪い人たちとのつき合い方だ。

それも他人に限らず、親子、兄弟、夫婦など、ごく身近なところにも相性が合わないということがある。そうなると、いわゆる〝骨肉の争い〟となってしまうこともある。

たとえ肉親でも、ほどよい関係をつくるには、互いにゆずり合い、おぎない合う気持ちが求められるわけだが、これがなかなか難しい。「隣の芝生は青

い」ということわざどおり、一見、平和そうに見える家庭にも、多かれ少なかれ何か問題があるというのがほとんどのようだね。

人間関係がぎくしゃくする原因を考えてみると、その最大要因は「自我」がそれぞれあるからなんだ。

〝自我〟は性格とか個性を形成しているもので、「あの人は我が強い」などとよくいわれるように、その強さがさまざまな形になって、人間関係に軋轢《あつれき》をもたらしている。〝自我〟を上手にコントロールできれば、家庭でも職場などでも人とぶつかることは少なくなるはずだよ。

では、「我が強い」とか「我を張る」というのは、どういうことかというと、よく皆さんが遭遇する、

自分の意見を押し通そうとする人
自分のほうが見識が高いとうぬぼれている人
プライドの高い人

自信過剰の人
自分のガンコさに気づかない人
自己主張の強い人

といった人たちの心のありさまと態度のことで、72ページで紹介した「小随煩悩」と密接に関係している。

しかし、「我が強い」人のせいで、周りの人が迷惑するというのでは、人間関係は丸く収まらないし、人との争いが絶えないことになる。したがって、〝自我〟は誰にでもあることを認め合って、「人はひとりでは生きていけない」という原点に戻らないといけないね。

ゆずり合ったりおぎない合ったり、ときには励まし合ったりして人間関係は成立しているんだから、我を張らず、互いに尊重し合いながら、互いの領分に踏み込み過ぎないように、ほどよい距離を保って人とつき合うことが大切になるんだ。

そうした関係は、パレットに並べられた色にたとえることができる。

私たちは一本の絵の具みたいなものだ。ほどよく混ぜ合わせなければ気に入った色にはならないし、方法を間違えるとどんどん濁ってしまう。

赤なら赤、青なら青という色をそのまま使おうとしても、他の色とのバランスを考えないと、おかしな色使いになってしまうでしょ。つまり、色だって互いにおぎない合う関係にあるから、絵が描けるということになるんだよ。

誰しも、常に自分の心の動きや物事にこだわって生きている。

たとえば、愛する人が亡くなると、悲しくなるのは当たり前のこと。でも、いつまでも悲しみを引きずっていると、そのこだわりが苦しみとなってしまうので、般若心経では「度《ど》一切《いっさい》苦厄《くやく》…こだわりは、一切の苦しみと厄《わざわ》いの元になるから捨てなさい」と説いているんだよ。

このことばは、亡くなって悲しくて仕方ないという故人であるからこそ、その故人と生かされている自分との距離を保つことの大切さを教えているわけだけど、現世における人間関係のあり方にも十分通じることだと思う。

人と人との関係は歯車だ
こちらも合わせないと回らないよ

競い合っても、楽しくなければ意味がない

何事も人より上位にならなければ気がすまないという人がいる。

でもね、人との競争に勝つことを目的にするような日々を送っていては、せっかくの人生が、それほど楽しいものにならないんじゃないかな。

たとえば、ご主人は出世することをとっくに諦めているのに、「同期の○○さんは部長さんになったのに、どうしてあなたはなれないの」と、亭主のお尻を叩く奥さん。

有名校に入ることなど無理とわかっている子供に、強引に家庭教師をつけたり、学習塾に通うことを強要する親。

実際はそれほど豊かでないのに、せめて外見だけでも人に負けまいとして、ファッションやクルマなどにお金をかける見栄っ張り。

友人や同僚と議論したときに、どうしても相手を論破して、自分の知識のほうが上だと認めさせなければ気がすまない人……などなど。

いずれも前項で触れた「我が強い」人ということになるけど、人との競争ばかりに目を向けていては、本来の自分の生き方を見失ってしまうよ、といいたくなるし、「人に勝つこと」がそんなに価値のあることかと思ってしまうね。

また、こうした人は「早くしなければ」「すぐやらなければ」「じれったいな」と、いつも何かに追い立てられているかのようで、気持ちにゆとりが持てないことが多いから、ご主人、子供、友人や同僚などに対しても、何かと先をせかす傾向が強い。自分自身、常に目を吊り上げて「ハァーハァー、ゼェーゼェー」と息せき切っているようだ。

このように書くと、ご主人や子供のことで頭が一杯になっている奥さん、少しでもきれいになろうと努力している若い女性、誰にも負けないぞと勉強している人などから、「何もわかっていない」とお叱りのことばが返ってきそうだね。でも、私がここでいいたいのは、「生きるための手段」と「生きる目的」を混同してはいけませんよ、ということなんだ。

人は誰しも、この両者をはき違えやすい。

出世すること、有名校に入ること、外見をよくすること、知識を蓄えること……これらはどれも「生きるための手段」であって、「生きる目的」ではないでしょ。

たしかに、出世すれば社会的な信用度が上がったり、経済的にうるおったりするだろう。有名校に入れば将来に希望が持てたりするだろう。外見がよくなれば、それなりの見返りが期待できるかもしれない。知識が増えれば、さまざまな場面で役立つこともあるだろう。

でもね、だからといって「生きる目的」を果たすことにならないし、これに対して「否」というなら、その程度の貧相な価値観で終わってしまうよ。

もっというならば、「それは誰のためにするのか」という疑問を、そこに設定すればいい。

すると、人との競争に勝つことが「目的」ではなく、「手段」にすぎないことが見えてくるはずだ。ご主人の出世や子供の教育に熱心な奥さんの場合であれば、実は「自分のために」がんばっている、もうひとりの自分に気づいたりもするだろう。

では、何が「生きる目的」か、ということになるけれど、日々、自由と楽しさを実感しながら、「すべては人のために」がほんとの答えだよ。

「人に勝つこと」にこだわっていると、目先の手段に心が奪われるから、すぐ足下にある自由と楽しさに気づかず、また、それを求めようとする自然な自分の意思をも否定しようとするので、いつまでたっても日々の充実感が得られないことになる。

「ああ、今日はよくがんばったな」「ひとつ成長したな」という実感こそが、日々の喜びであり、自分らしく、そうした毎日を積み重ねることが「自分を生きる」ことになるんだよ。

後の人が先になる　先の人が後になる
だから人生は面白い

誰しも、人の恩を受けて生きている

ハワイに渡って四〇年余、何とかここまでやってこられたのは、いろんな人の助けがあったからなんだ。

赴任してすぐに、別院の土地購入という難題にぶち当たった際、「お前が本気なら、とりあえず手付金は立て替えてやろう」と、まだ為替レートが一ドル三六〇円の時代に、一〇万ドル（三六〇〇万円）もの資金を用意してくれた古くからの友人、材木商の根本弘さん。

私が宗教も人種も問わない趣旨で作った「一隅会」という社会奉仕団体が、ハワイの「日系移民の記録」を残そうと動き始めたときに、「これでビデオカメラなど必要なものを買いなさい」と、四〇〇〇ドルをポンと出してくれた篤志家。

すでに紹介したけれど、文化教室を広げようと思案している時に、支援してくれた大手自動車部品メーカーの会長さん。日本語学校のスクールバスを提供いただいた大手運送会社の会長さん。

あるいは、私を丈夫に産んでくれた母親と厳しかったけれど慈悲に満ちていた父親。小坊主時代にお世話になった和尚さんとおかみさん。一人前の坊さんにしていただいた私の師父にあたる仙台・仙岳院《せんがくいん》の荒眞了《しんりょう》大僧正……。本当に「足を向けて寝られない」人たちばかりだ。

そして、約六〇年も私を支え続けてくれている妻には、かける言葉が見つからないほど感謝している。

「縁」があって「恩」を受ける。

この世に生を受けたのも縁であり、あの両親、あの人たちとも縁があったから、私はかけがえのない「大恩」を受けることができたんだな。

また、こうして人の「縁」がもたらしてくれた「恩」を考えると、自分が関わってきた身近な人だけでなく、そのもっともっと向こうの人まで縁を感じることができる。会ったこともない人によっても自分は生かされていると思えてくるなあ。

「山川草木、吹く風、立つ波の音までも、念仏ならずということなし」時宗《じしゅう》開祖の一遍上人《いっぺんしょうにん》が説いているように、人以外の自然にも仏性（仏さまの心）を観ることができて、道ばたに咲く小さな花との出会いにも温かさを覚えるから不思議なものだね。

次に、それでは人から受けた恩に、どうやって報いたらいいか。つまり「報恩」ということになるが、ずいぶん前に受けた恩を返すのは無理だから、その分、誰かに尽くせばいいんだよ。

その模範となるような女子高生と女子大生の話があるので紹介しておこう。

女子高生のA子さんは、いつも優しくしてくれるおじいさんのことが大好きだった。

しかし、おじいさんは足が不自由で、つらそうにしているとき、何をしてあげることもできなかった。

そして、もうすぐおじいさんを助けられるようになると思った矢先、Ａ子さんの卒業式の前におじいさんは亡くなってしまった。

おじいさんに尽くすことはできなかったけれど、よそのお年寄りも大好きなＡ子さん。仕事が始まったら楽しいことばかりじゃないとわかっている。でも、おじいさんの分までお年寄りたちを介護して、毎日一緒に笑って過ごしたいと思っている。

女子大生のＢ子さんは、アルバイトで何人かの家庭教師をやっている。教えているうちのひとりは受験生で、受験間近の冬休みに入ると、急に勉強がハードになったせいか、その子がやたらに「つらい」というようになった。

正直、自分自身もきついと感じていたので、「なによ」という思いもあったが、同時に自分の受験期にお世話になった学習塾の先生のことを思い出した。
わからないことがあれば、あの先生は納得するまで教えてくれた。進路について相談すると、いつでもこころよく応じてくれた。先生の講義中、居眠りすることもあった。第一志望の大学に受からなかったので、先生に恩返しすることはできなかったけれど、あの先生がしてくれたように、自分もあの子を教えていかなければと思う。人間の恩は、こうして受け継がれていくのだから。

この二人の優しい心は、おじいさんや先生によって育まれたものとはいえ、そもそも小さい頃から、ご両親たちからその「種子」を植え付けられているように思う。やはり、「三つ子の魂百まで」ということだね。

蜂でさえ蜜をいただいた花をいためない
家族やまわりの人から恩をいただき生かされてきた
有難さを思え
ゆめにも恩を仇でかえすようなことはするな

第3章

仕事はこだわらない人ほどうまくいく

人の評価は気にするな
自分に腹が立つのも一瞬だ

仕事の悩みはおおむね二つに分けられる。

ひとつはスキル（技術）、もうひとつは人間関係だ。

最初のスキルの悩みは、とにかく努力して解決していくしかない。他人と比較して後れをとっているとか、うまく仕事がこなせないなどと、あせることが多いだろう。

上司から仕事ぶりのまずさを指摘されたり、顧客から文句をいわれたりすれば、自暴自棄におちいって自分に腹が立ったりもするだろう。

あるいは、悲観的になったときほど、自分の気持ちをコントロールしなければならないのに、なかなかスランプから抜けられないということもあるだろう。

では、どうすればいいのか。もちろん職種によって異なるだろうが、一番気をつけるべきは人との比較をやめることだね。「自分は自分」と開き直って、「いまに見てろ」と強い気持ちを持つぐらいでちょうどいい。

上司や顧客に怒られても、自分のまずさを反省して「次はがんばらせていただきます」と謙虚になると同時に、「この程度で悩んでなるものか」と自分を鼓舞して、次の自分に期待したほうが賢明だ。

ただし、何もしないままでは困るから、できるだけ早く「待たずに動く」ようにする必要がある。じっと机に座ったまま、壁を見つめているだけでは解決の糸口は見出せないよ。

たとえば、机の上に白紙を広げて、思いつくまま、できるだけ多くの問題点を書き出してみると、何か課題が浮き上がってくるかもしれない。とりえのない人などいないから、自分が得意とすることを見つめ直すのも一考だよ。

自分のまずさを指摘してくれた人、同僚などにも、バツが悪いかもしれないが、素直に教えをこえば、よほどのへそ曲がりでない限り、何らかのヒントを与えてくれるよ。

それに、企業の経営陣のなかに、失敗を経験したことなどないという人は、まずいないよ。失敗を糧にしているからこそ、しかるべきポストに就いているはずだから、失敗を恐れないということも、仕事をするうえでひとつ大切なことになるんだな。

人に勝つより
自分に負けるな

この世に非難されない人はいない

もうひとつの人間関係の悩みは、スキルの問題よりタチが悪い。

どんな職種でも、具体的な自分の仕事の範囲だけの話なら、努力次第で何とかなると思えるので、よほどのことがない限り、精神的にダメージを受けることは少ないはずだ。

だけど、世のなかは気の合う人ばかりではないから、思いもかけないことばで上司や同僚、部下などに非難され、中傷されたり嫌な態度をとられたりすれば、気がめいってストレスを抱えてしまうことになりかねない。

真面目な人ほどそうなりがちで、やる気を失い、決めていた目標が見えなくなってしまうこともありえるだろう。

なかには、そんなに偉くもないのに、会社をひとりで背負っているかのような横柄な口調で、同僚や部下をなじる人、陰口がクセになっている人がいたりもするけど、こうした始末におえない輩がいうことに、いちいちムキになって刃向かうのはムダというよりバカバカしいね。

法句経《ほっくきょう》に「この世に非難されない人はいない」ということばがある。これは、人を非難したがる人は、自分も非難される立場にあることがわからないという教えだ。

そんなわからず屋を相手にすること自体、虚しいだけだから、カチンときたりコノヤローと思ったとしても、そこは大人になって適当に受け流すほうが賢明なんだ。

誰でも　生きていれば
誰かに愛され
誰かに嫌われているものです

仕事ほど自分を成長させてくれるものはない

私は宗教家だから、ビジネスコンサルタントのようなことはいえないが、「一二年を経れば必ず一験を得ん」という伝教大師のことばに励まされ、何とかやってこられたおかげで、何事も「もうだめだ」と決めつけないことが大事だと思っている。

たとえば、与えられた仕事が難しいので「できそうにない」とか、まだ取り組み始めたばかりなのに「時間がかかる」などと先入観を抱いたりして、仕事をやめてしまう人がいる。私にいわせれば、それはぜいたくというものだよ。

仕事ができることへの感謝の念がなさ過ぎるんだな。

難しいと思っても、工夫しながらやりとげようとふるい立ち、「あなたにできるはずがない」などといわれれば、地をはってでもやってみせる。そうした気概がなければ、いつまでも半人前で終わってしまうよ。

それに、失敗して「もうだめだ」と思い込んで、仕事を途中で投げ出してしまうのも、もったいない話だよ。

失敗すれば、誰だって逃げ出したいような気持ちにかられるだろうが、そんな弱気な気持ちを払拭《ふっしょく》しなければ、失敗の原因を究明して、それを次に役立てることなどできないだろう。

いずれにせよ「もうだめだ」と決めつけてしまうのは、あくまで自分だ。それはただ迷っている状態で、いつまでも続くわけではない。いつかは必ず迷いから抜け出すことができるし、むしろ迷っているから次のステップにいけるのだから、仕事を途中で投げ出すなどもってのほかだね。

仕事ほど、自分を成長させてくれるものはないよ。自分を励まし、その場から逃げずに続けていれば、きっと仕事のやり甲斐が見出せるから。

自分を変えるような
仕事をして
自分が変わっていくような
仕事をする

「人のため」に仕事をする人が、本当の仕事のプロ

仕事ができる人に共通していえることは、自分なりの〝哲学〟を持っているということだね。そうした人は、明確な目的意識にしたがって、ムダなく効率的に仕事がこなせるから、それ相応の地位を得て、しかるべき処遇を受けている。

職種によって、見出した哲学が異なるので一概にはいえないだろうが、ある生保会社のトップセールスマンが、次のような話をされていたことがあった。

私は、あることをきっかけに、保険の契約を得たいという思いを表に出して営業するのをやめました。何の商売もそうでしょうが、「これを

買ってください」といって、売りたいものがすぐに売れるなら、これほどラクなことはない。

私も若いころは、それこそ足を棒にして、暑い日も寒い日も契約を取りたい一心で営業に廻りました。とはいえ、いっこうに契約は取れないので、自分は営業に向いていないのではとか、もうやめようかと思い悩みました。

あるとき、もう一軒だけと思って間近の会社を訪問してみると、応対してくれた社長さんは案の定、けんもほろろ。そこを辞去してから、もはやダメだ、やっていけないとほぼ覚悟を決めました。

けれど、その翌日、支店の営業所でじっとしているわけにはいかないので、頭がぼーっとしている状態で外に出てみると、自然に私の足は前日の社長さんのところに向かっていました。

訪問して再度交渉してみると、社長さんいわく「あなたの熱心さには感心した。私の知人を紹介しよう」と、なんと思いがけないことに紹介状を書いてくれたのです。

さっそく、私はすぐに契約をいただけるものと思い込んで、紹介していただいた会社にうかがったのですが、そこの社長さんから「いま、店舗数を増やそうとしているのだが、資金不足で悩んでいる。融資してくれる銀行を紹介してもらえたら、保険契約に応じよう」という交換条件が提示されたのです。

私は、さてどうするかと、ほとほと困り果てました。

しかしそのとき、それまでに感じたことのない「これはチャンスかもしれない」という感慨を覚えたことは確かです。

幸い、私が勤務していた支店の取引銀行に友人がいたので、その友人に相談すると、とんとん拍子にことが運び、間もなくして資金の融資が決定したのです。当然、店舗数の拡張を目論んでいたこの社長さんは大喜び。

おかげで、私は大型の保険契約をいただけた上に、この社長さんが次々に店舗数を増やしていくたびに増えていく、従業員の保険契約のすべてを委託されるようになったのです。

以来、私は営業に対する考え方を改めました。ただ「これを買ってください」ではダメだ。お客さんが困っていることを手助けすれば、それが営業につながるということを知ったわけです。

それからというもの、私は営業というよりも人に会うのが楽しくなりました。そしてあるとき、異業種交流会のようなものをつくれば面白いのではと思いつき、私費でホテルの会場を借りて実践してみると、これが大成功。

参加者に喜んでいただくと同時に、私の営業成績は急上昇していったのです。

このトップセールスマンの話で、もうひとつ思い起こされるのが、ある企業経営者がいっていた、

「商売は右手にソロバンを持ってはいけません。右手にはお客さんと従業員を持ち、左手にソロバンを持つようにしなければ、商売は間違います」

ということばだ。先のトップセールスマンの話と、この企業経営者のことばに共通しているのは、自分よりも相手を優先する、つまり「人のため」に仕事をするという〝哲学〟を持っていることだ。

仕事を進めるとき、多くの場合、目先の数字だけに追われたりして、自分の立場を優先しがちだ。しかし、自分が置かれている立場を違った角度から見てみると、新たな道が開けることを、このお二人は教えてくれている。

いい仕事をしている人は
いい顔をしています
仕事を楽しんでいる人の顔は
輝いています

「忙しい」は、ラクになるための言い訳

忙しくて仕方ない、早く忙しさから逃れたいと思っても、どうにもならないときには、どうすればいいのか。

こうしたときに、ネガティブになって気持ちが落ち込むのが一番いけないから、ものは考えようと割りきって、上手に自分をコントロールする必要があるんだ。

仕事でもなんでも、人は同じことを長く続けていくには根気がいる。途中で投げ出したい気持ちになるし、むしろ、それは自然な成りゆきといえるね。

でも、よくよく考えてみると、忙しさを招いているのは、しょせん自分だよ。つまり、自分で自分を縛っているわけだから、誰にもあたるわけにはいかず、それで余計イライラするわけだ。

また、忙しいからといって、誰彼なくグチをこぼすのもみっともない話で、グチを聞かされる相手は、「好きで忙しくしているんでしょ」としか思わないものだ。

それに、忙しいと思っても、意外につまらない時間を費やしている自分に気づかないということもあるから、仕事の時間にメリハリをつけることが大事だね。

そうしなければ、身体だってもたないし、極端な話、精神的に病んでしまうことにもなりかねないよ。

では、どうすればいいかというと、忙しさは永遠に続きはしないので、「やがて時間が解決してくれる」と思うことが大切だ。そして、忙しくない人に比べれば「忙しいのは幸せなこと」と、自分を励ますようにすれば、忙しさにイラだっている気持ちも半減するかもしれない。

要は、忙しさを嘆くのと、忙しさを前向きにとらえるのと、どちらがいいかといえば自明の理で、忙しさを、自分をラクにするための口実にしてはならないということなんだな。

私だって、この歳になっても、いつも「苦あればラクあり、ラクあれば苦あり」と自分を励ましてがんばっているよ。忙しいからといって、グチってもイライラしてもエネルギーを消耗するだけだからね。

ほんとに忙しい人は
忙しいなんて
言わないものだよ

第4章

子供は「慈悲」で育つ

素直でなければ賢い人になれない

人が生きていく上で一番大切なことは「素直さ」だね。

素直であれば、どんな艱難辛苦《かんなんしんく》も乗り越えていけると断言してもいい。

物事を判断するとき、人間関係でつまずきそうになったとき、将来に不安を感じたとき……素直な心は迷いを解いてくれて、自分の立ち位置と目指すところに光をあててくれるよ。

人生は曲がりながら、折れながら歩むことになって、ときには道を間違えることもあるだろう。でも、私たちの誰もが、何も知らず、純粋なままこの世に生を受けたのだから、その無垢な素直さを忘れないようにしなくちゃあいけないね。

人に腹を立てたり、自分を責めたりして心を乱すのも、要は自分の気持ち次第。いつも素直でありさえすれば、そんな自分を冷静に見ることができて、何の恐れも不安もなく心穏やかに過ごせるはずなんだ。

では、どうすれば素直な人になれるかというと、すべては育て方にかかっていて、愛情をいっぱい注いで子供を育てることが大切だ。

幼いときからたくさん愛情を受けている人は、「慈悲」によって守られてきているから、物事にも人にも真っ直ぐに相対することができて、人を不快にさせることばや態度を教えられていないので、誰からも好かれる人になる。

慈悲とは、「父の慈しみ」と「母の悲しみ」のことだ。

愛情を注ぐといっても溺愛《できあい》するということではないよ。

子供が歩いてころんだのを見て、「おい、自分で起きろ」と厳しく接するのが「父の慈しみ」。すっ飛んでいって「さぞ痛かっただろ、よしよし」といいながら子供を抱きしめるのが「母の悲しみ」。

この厳しさと優しさで子供はまともな人、素直な人に育っていくんだな。

人のいうことを真っ直ぐに受け止められないとか、人に教えられたことがわかっているようでいて、わかっていないとか、つまらないプライドに固執しているとかで、素直でない人は多くの面で損することになるし、頭のよい人になれたとしても、賢い人にはなれない。

だから、とくに幼いときに溺愛するというのではなく、十分に甘やかせて可愛がることが大切なんだ。

私など、この歳になったせいか、素直だなと思える人に会うと、「ああ、この人は親の愛情をたくさん受けて育ったんだな」と、いつも思う。

反対に、妙に意固地な人、偉そうに振るまう人などに会うと、「ああ、この人は愛情不足で育っているから素直でないんだな」と、可哀想にも感じる。

こう考えていくと、理不尽なことに親のない子というケースがあるので、その場合はどうなるのかと思ってしまうけど、慈悲の心は何も親の専売特許ではない。子供を愛せる誰かがいれば、その慈悲をよりどころに子供はたくましく育っていくし、自分の不遇をものともせずに偉くなった人は何人もいる。

それに、素直さと賢さは密接に関わっていて、純粋な心が大本になっているから、幼い時期に感動を覚えるような機会を与えることが大切だね。

それは、何も特別なことをしろということではないし、どこか楽しそうなところに出かけなければできないということでもない。

「きれいだね」「すごいね」「可愛いね」といったことばをかけて、子供の気持ちに共感すること、自然の美しさと変化を一緒に味わうこと、そんなささいなことで十分こと足りるんだよ。

そのように子供と一緒に過ごせば、子供は素直に物事をとらえ、自由に発想を展開していくから、それが感性を豊かにして賢さの源になっていくんだ。

たとえば、私は、桜が咲き誇る時期にこんな光景を目にしたことがあった。

日本にきて、上野の寛永寺に向かって歩いているとき、桜並木は満開で、道端は桜の花びらでいっぱいだった。

しばし、私が桜をめでていると、小学校一年生ぐらいの女の子がサッとそばを走り抜けて、四歳ぐらいの弟に両手を差し出していた。

何をするのか見ていると、女の子は「ほーら、きれい」といって弟の鼻先で両手を開いて、握っていた桜の花びらを弟にかけている。

まるで、いわさきちひろさんの絵を見ているようで、何と美しいことかと私は感嘆したのだけど、あの女の子はきっと、いつも親から同じようにされているんだなあと思ったよ。

父には慈しみの恩
母には悲しみの恩
その恩　山よりも高く　海よりも深し

豊かな親の愛情と教育があって、子供はまともに育つ

私はハワイでも日本のテレビをよく見ているけど、とにかくおかしな事件が多いね。親殺し子殺し、年寄り殺し……。

つい先頃は、一七年も親の手で隠され、社会から隔離されていたために、ひらがなも書けないという悲惨な子供の話が報じられていて、親の身勝手さに驚いたよ。

家族関係は殺伐として、日本の社会が伝統として守ってきた人情や秩序が消えてしまったように見える。学校の現場も教師と生徒の境目があやふやになっていて、倫理や道徳はどこにいってしまったのかねえ。

その理由は、やはり子供の家庭環境と教育の仕方にあるんだろう。

なぜ、親や子を殺すようなモンスターが生まれてしまうのか。そうなってし

まう人は、そもそも親の愛情が希薄で、親から何も教えられていないか、反対に、溺愛され甘やかされて、親の価値観を強引に植えつけられているかのどちらかだ。

愛情不足か溺愛され過ぎか、ほったらかしか干渉し過ぎか、そのいずれもが子供を不幸にしてしまうんだ。

子供が間違った愛情を受けて育ってしまうのは、ちょうど花や木に水を与えないのと同じで、場合によっては花もつけず実もつけず、枯れてしまうことになりかねない。

そこで、思い出されるのが、『奇跡のリンゴ』（幻冬舎文庫）で一躍世間に知られることになった木村秋則さんと対談したときの貴重な話だ。

木村さんは周知のとおり「絶対不可能」とされたリンゴの無農薬・無化学肥料栽培法を十年かけて成しとげた人。木村さんは、

「皆さんの体には米一粒も実らないよね。私の体も同じ。米一粒もリン

ゴ一個も実らないの。もっと稲に感謝しよう。稲はどこに育ちますか。土でしょ。だから土にもお礼をいおうよ」

「自然界では決して過剰もないし不足もありません。一番調和のとれた世界だと思いました」

「自然の力に任せるということは、人間は何もしなくてもいいということではなくて、自然の摂理にかなったお手伝いをするという意味です」

と、おっしゃっていたけれど、そのリンゴにかけた情熱は尊敬するに余りあるし、我々宗教家も教えられる点が多々ある。とくに教育のあり方をまさに示しているね。

リンゴ一つひとつが子供であり、リンゴの木が親だとすれば、雨や土は教育ということになる。自然の摂理にかなうように水やりをし、土作りをしなければ、リンゴは立派な実をつけない。つまり、豊かな親の愛情と教育があって、子供はまともに育っていくということなんだ。

教育の「教」にはもともと鞭《むち》でたたく、「育」には子供を子宮で受け止めるという意味がある。父親は厳しくしつけ、母親は優しく受け止める。このバランスが大事ということだ。

親からちゃんと愛情を受けて教育されている人は、自分の子供にも同じようにすることができて、代々、子供への接し方と教育は引き継がれていくものだ。

優しい親の子は優しい人になれるし、感性が豊かな親の子は感性が豊かな人になれる。「三つ子の魂百まで」ということを、子を持つすべての親は考えないといけないよ。

優しい母の子は
優しい心を持つ人に
子を慈しむ父の子は
人を慈しむ人に

無理をせず、ふさわしい生き方を伝える

子育ては大仕事だ。

「おぎゃぁ」と生まれて一人前の大人になるまで親は手を抜けない。乳を飲ませ、オムツを替え、食事を与え、身ぎれいにさせて、学校に上がれば上がったで、世話することも心配事も増えていく。

子供の成長ぶりを見るのは楽しみで、励みにもなるとはいえ、ときには熱を出したり、ケガをしたりして肝を冷やすこともあるし、反抗期や思春期を迎えれば悩まされることもある。それに、高校、大学へ進学するということになれば、学資の負担も大変だ。

そして、ようやく成人したとしても就職、結婚などの折にも、なかなか親の心配事は途切れないもんだ。

まぁ普通、どこの親もこうして子供を育てているわけだけど、いつも心がけなければいけないのは「無理をしない」ことだね。とりわけ、親の価値観を無理に押しつけようとするのが一番いけないよ。

日本で深刻化している体罰の問題も根っこは一緒だ。初めから「こうあらねばならない」と決めてかかるのは、強制であって正しい指導法ではないね。スポーツにおける体罰についても「なぜ、そんなに競争に勝つことが大事なのか」と首をかしげたくなるし、スポーツは〝命がけで〟やるもんじゃないでしょ。

ついでに「いじめ」についていうと、昔からいじめはあったよ。けど、「情」に熱い〝ガキ大将〟がケンカを采配していたから、いまのような陰湿ないじめはなかったんだ。

子供はどの子も可愛いもの。だから、親がわが子を〝特別〟と思いたくなるのもわかる気がする。

たとえば、子供の野球やサッカーを手伝ったり、応援している親のなかには、自分の子供が一番うまいと思い込んで、わが子よりも目立っているホットな親がいるし、成績がいいからわが子は有名校に入れると、子供よりも自信満々の親がいたりする。

こうした親は、どこか健気にも見えるけれど、多くの場合、自分の能力はさておき、子供に能力以上のことを期待して、わが子を特別扱いするから、子供はたまったもんじゃない。

子供は、スポーツであれ勉強であれ、自分の能力をわきまえているもので、そこに追い打ちをかけるようなことをするのは逆効果だよ。反発もするし、好きだったスポーツが嫌いになったり、勉強嫌いになったりしかねないから。

そこで大切になるのが、子供の能力と資質を見極めて、親としてこの子のために何が手伝えるかを長い目で考えることだろうね。

その際には、決して親の欲目で期待してはいけない。よその子と比較せずに、あくまで「自立すること」を考えてあげればいいんだよ。

親は、子供を人生という長い階段の一段目に抱きかかえて上げたあと、子供が二段目、三段目に上がるときにも手を差し伸べ、場合によっては、自分の背中を踏み台として貸してあげねばならないときもあるだろう。子供の自立を助けるのが親の役目といっても、その都度、親も子も無理せず、〝過不足なく〟を心がけることが肝心なんだと思うよ。

まっすぐな木は
まっすぐ使え
曲がった木は
曲がったまま生かせ

子供に「善い心の種」を植えつけなさい

「共に喜び、共に悲しむ」が慈悲の基本だから、慈悲の心がある人は、他人の気持ちを汲み取り、どんな人にも優しく接することができる。決して驕らず高ぶらず、自分にも他人にも素直でいられるので、困難なことがあったとしても必ずその壁を乗り越えることができるし、周りの人から愛される存在になれる。

では、どうすれば自分の子供をそんな人に育てられるかというと、一番大切なのがことばだ。ことばによって子供は育つといっても過言ではないね。優しくて思いやりのあることばに囲まれて育てば、人間性が豊かになる。反対に暴力的なことばや品のないことばに囲まれて育てば、貧相で下品な人になるよ。

私たちの心は、親をはじめ、出会う人から聞いたことばと受けた印象を種にしてできている。これを仏教では種の子と書いて「種子《しゅうじ》」というのだけれど、いま風にいえばデータファイルということになるかな。

誰かから聞いたことばと受けた印象が種になり、生まれてから今日まで一刻の休みもなく心に入ってきて、どんどんデータファイル化される。これは一生忘れないし、なくならない。

そして、私たちは人に会ったときに、その人のことばと印象を自分のデータファイルと照合して、相手が何を伝えようとしているのか、その真意を判断しているんだ。

あるいは、何かあったときに「ああ、あの人があんなことをいっていたな」と、いろんな種子が無意識のうちにポッポッと出てきて、この種子を元に私たちは次を意識した行動をとっているんだな。

ちなみに天台宗の教学では、この無意識の世界を「唯識《ゆいしき》」といい、唯識は人の深層心理を知るすべになっている。

だから、心をつくる種子がいかに大切かということになるけど、娘に素晴らしい種子を残した母親の話が、朝日新聞（二〇一四年七月一〇日号　朝刊）の「天声人語」に掲載されていたので、紹介しておきたい。

レントゲンで左肺に小さな影が映った。CTでも調べた。結果を待つ時間、亡き妻を思った。「助けてよ」。一人娘を置いて死ねるわけがない。後刻、医師は告げた。「なーんも、ありませんね」。えー！　あの影は？「何やろね。乳首かな？」▼福岡市の新聞社勤務、安武信吾さん（50）が昨年つづったブログから引いた。家に帰り、娘のはなちゃん（11）に一部始終を話すと、「めっちゃウケる〜」と大笑いしたという。妻の千恵さんはがんと長く闘い、08年に33で死去した。父子2人の暮らしになって丸6年になる▼信吾さんが一昨年に出した『はなちゃんのみそ汁』は多くの人に読まれた。闘病記であり、子育ての記録でもある。掃除や風呂洗いや洗濯、物干しを教え、5歳になったら朝ご飯のみそ汁づくりを任せた▼なぜそこまでしたのか。〈いつどこで自分がいなくなっても大丈夫なように〉〈ムスメが一人でも強くたくましく生きていけるように〉。すでに全身に転移していた千恵さんの残した文章が胸に刺さる▼はなちゃんの健気な姿も読む者の鼻の奥にツンとくる。葬儀後も立ち直れない父に5歳になった娘はいった。「パパ、また悲しい顔しとるよ。大人のくせに、つまらんねえ」。いわれた父は「はなは時々、大人になった」と書く。思わず微笑を誘われる▼あすは七回忌だ。生前の仲間たちがあさって、音楽の先生だった千恵さんの追悼コンサートを福岡市で開く。題して「いのちのうた」。はなちゃんも舞台で歌う。

私はこの記事を読んで、母親からかけがえのない「善い心の種」を植えつけられたこの子は、きっとたくましく育って、母親のように優しくて芯のしっかりしたお母さんになるに違いないと思ったね。

親を愛する者は　人を恨まない
親を敬う者は　人をあなどらない
親に親しむ者は　人と争わない

「頭がよいこと」と「賢いこと」は違う

子供を頭がよくて賢い子に育てたいと、どの親も思うだろう。

でも、「頭がよいこと」と「賢いこと」を同じように考えている人がいるので、その違いを知っておく必要があるね。

頭がよいということは知識が豊富で、たくさん勉強を積んでいるということだ。一方、賢いということは、勉強したり見聞きしたり、あるいは体験したことを応用して、何かを実行できるということだから、両者の意味はまったく違う。

それに、「知る」「わかる」と「腑《ふ》に落ちる」もまた、意味合いが異なることをわきまえておく必要がある。

たくさん勉強していろいろなことを「知る」。知ったことを何回も反すうして「わかった」ことになる。しかし、ここからが問題で、心の底から納得して「腑に落ちる」ようでなければ、本当に「わかった」ことにならないし、頭でわかったくらいでは、何も行動に移すことはできないんだな。

でも、この「腑に落ちる」というのが多くの場合、知識が災いして、けっこう難しい。

私たちはさまざまな学習で知識を蓄えていく。もちろん知識は広くて深いほうがいいに決まっている。とはいえ、知識は与えられた概念であって、概念の展開だけで物事や起きている現象のすべてがわかるわけではないんだ。

もう一方に予測したり、推理したり、想像する能力も私たちは備えていて、これらの抽象的な能力と知識の総体が、仏教でいうところの般若（真実の智慧）ということになる。

たとえば、数学について考えてみると、数学は唯一の答えを導き出す学問であるものの、インドで生まれた「0＝ゼロ」を基点とする概念は、まさに想像力の産物だ。

そういえば、孤高の大数学者と呼ばれた岡潔《おかきよし》（一九〇一〜一九七八年）さんが、「数学はまったく情緒的なものであり、人間の奥にひそむ情緒を健全に育てなければ、数学の問題は解けない」とおっしゃっていたっけ。

ちょっと話が理屈っぽくなってしまった。

要は、知識（概念）だけに頼ってはいけないということだな。詰め込み教育に必死になって、子供を「勉強しろ、勉強しろ」と追い立てるばかりでは能がないということ。

わが子は勉強ができる、偏差値が高い、知能指数が高い。それはけっこうなことといえるだろう。

だけど、それで有頂天になっていると、ある時点でその子の能力は成長しないことになるから、気をつけてあげなければいけないよ。せっかく優秀な子が、本来の智慧を発揮できないで終わるのは、非常にもったいないからね。

知識（概念）だけに凝り固まってしまうと、知識だけではとらえきれない物事や現象の実体（真理）が見えなくなる。だから、幼いころから多くのことに関心を寄せ、いつも「不思議を感じる」ような情操教育が非常に重要になるんだな。

当然、頭のよさと賢さの両方をかね備えているのが理想だよ。でもね、高等教育を受けていないのに首相にまで上りつめた故・田中角栄氏の存在が証明しているように、どちらが優先されるかといえば「賢いこと」なんだ。賢ければ、どんどん知識が増えて「頭がよいこと」になる。

つまり、それこそが本当の智慧者になっていくということなんだな。

智慧のない知識には　限りがある
智慧のない知識は　災いを招く
智慧のない知識では　真理がみえない

第5章

こだわりを捨てれば、明日の扉が開く

こだわると、そこから一歩も進めない

物事にこだわってしまうのは、ちょうど、休まずに回っていた映像が停止しているのと同じだね。思考回路が詰まってしまって、同じところを堂々巡りしている状態なんだ。

生老病死の煩悩を初め、人はいろんなこだわり方をするけれど、ほとんどの場合、こだわりは「欲」に根差しているので、愚かしいこだわりほど人間くさい、と思えなくもない。

たとえば、物欲があるから、こっちのものよりあっちのほうがいいとこだわる。

名誉欲があるから、地位や名声にこだわる。

仏教では、人間の欲望には物欲・名誉欲以外に食欲・性欲・睡眠欲の三つの生理的欲求があるとしているわけだけど、この生理的欲求へのこだわりもある。

でも、こだわって得た満足感にどれほどの価値があるというのか。それはその人だけが感じることで、他人にとっては何の価値も意味もない、というのが本当のところなんじゃないか。

もちろん、長い人生のうちに、どうしてもこだわらなければならないときはある。だけど、それも程度問題で、普通、誰しも過不足ないこだわり方をしているものだよ。

なぜなら、こだわりは一過性のもので、こだわり過ぎはよくないことを、ほとんどの人がわきまえているから。なかには、失ったものに固執したり、愛した人に執着しすぎる人もいるが。

私はなにも、こだわることのすべてが悪いなどというつもりは毛頭ないよ。こだわりを捨てきれないのが人間であり、私自身、この歳になっても固執、執着した過去のこだわりが、次第に薄れつつあるものの、頭の隅にある。

とはいえ、できることならこだわりは捨てるべきで、次の途への足がかりとしたほうが賢明といえるし、こだわり続けることで苦しみや悩みも続くとすれば、そんな自分を早く解放してあげたほうがいい。

でなければ、一歩も前に進めないということになりかねないからね。

どうにもならないことを
どうにもならないと
諦めるのが悟りです

こだわる人ほど、しがらみに絡め取られる

ところで「欲」といえば、つい先頃、人間の欲望が際限ないことを伝えるニュースがあったなあ。

中国の高級幹部という立場だった人物（谷俊山《ぐしゅんざん》中将）が、軍が保有する土地を払い下げる際、なんと日本円にして約三三〇〇億円もの金を横領着服していたというから驚きだ。

以前にも、重慶の市長（薄熙来《はくきらい》）が約四億円の横領・収賄事件で逮捕されるということがあったけれど、あのときと比べると、三三〇〇億円というのは途方もない金額で、いくら役人の汚職に慣れっこの中国とはいえ、まさに開いた口が塞《ふさ》がらないとはこのことだ。

この金額は、それこそ一族郎党が寄ってたかって使ったとしても、一生で

使いきれるものではないし、何を理由にそんなことをと考えると、人の心の闇を見るようで、暗澹《あんたん》とした気分になったね。

いまのうちに地位をフルに利用しなければ損と思ったのか、やがて中国は崩壊するという恐怖感から、すべては金でなんとかなると思ったのか……心のうちを察することはできないが、金を増やすことだけにこだわった結果、金のしがらみに絡め取られている自分が、まったく見えなくなってしまったとしか思えない。

簡単な話、自分だけよければいいという発想だから、品位の欠けらもないといえるし、こんな人物が軍の高級幹部だったこと自体、信じられない話だね。もはや中国を儒教の国と呼ぶには無理があるなあ。

この事件は、人間の欲望に限りがないことと、こだわることの愚かさを示した出来事だったけど、誰しも、多かれ少なかれ欲に左右されることがあるので、決して他人ごとではないと思うべきなんだろう。

こだわって
しがらみがほどけない者は
他人を迷惑にし
自分を誤らせる

死ぬことも、こだわらなければ怖くない

最近、「終活」ということがいわれているようだ。

自分の人生が終わるまでのあいだ、どのように過ごすのか、死ぬ間際と死後のための準備をどうするか、ということらしいが、私には、いまひとつその意味がわからないね。

長年、人の死を間近にしてきた僧侶としては、死は誰にでも訪れることであって、生を閉じる厳粛な一瞬以外の何ものでもないというのが実感だ。

ただ、死に対して誰しも思い願うことは、眠るような穏やかな終わり方で、できれば苦しむことなく天寿をまっとうしたいということだろう。

死ぬことに恐怖感を持ってしまうのは、おそらく、死そのものよりも痛みや苦しみをともなうことへの怖れと、なんの前ぶれもなく死が突然訪れるこ

とへの怖れがあるからだろう。

不幸にして、そうした死を迎える方もおられるが、いまをどのように生きるか、何をするべきかと、「自分を生きる」ことに懸命になっていれば、死ぬことなど怖くなくなるものだよ。

だから、一日一日を「今日はいいことがある」と思って過ごすことが大切になるし、生かされていることを素直にありがたいと思って感謝したいものだ。

私は、この歳になって、やっぱり一日一日の価値が違うなと思うようになったが、元気に生きてきたおかげで、ここまでやってこれたんだ、本当に生きてきてよかったと心から思うね。

高齢の人ほど、一日を元気に過ごすことのありがたさを感じているもので、自分の寿命に対する実感は、歳とともにあと数年、あと一年、あと一カ月というように変わっていって、最後には今日一日と思うようになるものだという。

そして、誰もが最後には、平等に分けへだてなく土に還っていくわけだから、この自然な流れを受けいれることによって、死は必ず穏やかな眠りになっていくんだな。

生きる価値があるから
生かされているんだ
生かされているから
一日一日がありがたいんだ

明日のことなど、どうにでもなります こだわりを捨てれば、

多くの場合、自分が理想とするところと現実は、ほとんどどころか、まったく一致しないものだ。

若いときは、誰しも子供のころから描いていたことと、現実がかけ離れてしまったとしても、それはまだ経験を積んでいないからであって、次第に理想に近づいていける、そうに違いないと思い込む気持ちのほうが強い。

しかし、歳をとるにつれて、得るものよりも失うもののほうが増えていくように思えてきて、取るに足りないことでも失うまいとするのだろう、物事にいちいちこだわって、明日のことさえ「こうあらねばならない」と決めてかかりがちだ。

しかし、明日のことを考えて物事を準備するのはいいとしても、実は、明

日のことなど誰もわかりはしない。

ずいぶん前に『不確実性の時代』という本が売れて、以来、このタイトルが多くの方面で使われるようになったけれど、まさに明日は「不確実」だ。

仕事はどう展開するのかわからない、友人や恋人との約束だって保証の限りではない、買っていた金融商品だって暴落するかもしれないし、旅行に出ようと予定していたのに行けなくなってしまうかもしれない……。

では、どうすればいいのかといえば、天台宗の根本的な教えの「止観」ということばにヒントがある。

ちなみに、このことばは中国天台宗の開祖、智顗《ちぎ》によって書かれた『摩訶《まか》止観《しかん》』という書物に由来する。

天台宗を学ぶ上で、もっとも大切になるのは、自分自身を観ることと、自由自在に行動できることを両立させることで、「止」と「観」を別々に考えてはいけないという教えだ。

さらに平たくいうなら、人にはあらゆる可能性があるので、何ごとも「こうあらねばならない」と決めてかかってはダメだということになる。

また、日本人なら誰でも「観音さま」のことは知っているよね。観音さまは、正式には「観世音菩薩《かんぜおんぼさつ》」という名前だ。

菩薩とは、仏になる一歩手前の存在であり、仏になるために人々を救う修行「菩薩行《ぼさつぎょう》」をされていて、『法華経』には、「観音は人々の苦難や危機を察知し、さまざまな形で現われて衆生《しゅじょう》を救う」と記されている。

そして、観音さまは「観自在菩薩《かんじざいぼさつ》」ともいわれている。この「観自在」ということばにこそ、「止観」の本質が秘められているんだ。

そのひとつは「自在を観る（心を静かにして、自分自身の状況をありのままに見極める）」ということであり、もうひとつは、「自在に観る（自由自在に世界をながめ、心が求めるままに行動する）」ということだ。

つまり、前者は「静」、後者は「動」。この両方をあわせ持つことを智顗は「止観」といっているわけだ。つまり、こだわることなく、どちらに偏《かたよ》ってもいけないということを説いているんだな。

こだわらずに
自分の内も外も
自由自在に観ていないと
次の扉は開かないよ

2013年春　京都嵯峨野“寂庵”にて

写真：村川荘兵衛

〈著者紹介〉

荒 了寛（あら・りょうかん）

天台宗ハワイ開教総長。大僧正。

1928年、福島県生まれ。10歳で仏門に入る。大正大学大学院博士課程で天台学専攻。仙岳院法嗣、清浄光院（仙台）、大福寺（福島）住職など歴任。1973年、今東光師らの推選により初代天台宗ハワイ開教総長としてハワイに渡り、ハワイおよびアメリカ本土で布教活動に従事。海外には檀家・信徒の少ない天台宗のハワイ開教は困難を極めたが、宗派を超えた活動が重要と考え、現地人向けの仏教・教学の振興に取り組みながら、ワイキキ近くに日本語学校を開校。別院内にも「文化教室」を開いて、書道、日本画、茶道、生け花などを指導。1978年「ハワイ美術院」を創設、本格的に日本文化の紹介と普及に取り組む。

自らも独自の技法で仏画を描き、インド、パキスタン、西域、チベットなどシルクロード沿いに十数回に及ぶ取材旅行を重ね、仏教伝道を兼ねて作品展をニューヨークやボストンなどで開催。最近は、東京、広島、仙台など日本各地で毎年定期的に個展を続けている。その収入は別院経営の重要な役割を担っている。

奉仕団体として結成した「ハワイ一隅会」は、事業の一環として日本人移民の歴史をビデオテープなどに収録。100本を超えるテープはハワイ日系人史を知るための重要な資料となっている。1986年からワイキキの運河で始めた「ホノルル灯籠流し」は、仏教界はもとより、キリスト教の聖職者や知事、市長、アメリカ海軍の司令官も法要に参列、ハワイ最大の宗教行事となった。

2011年、日米の友好、相互理解のために尽力した功績で、宗教家としては異例の外務大臣賞が授与された。現在もハワイの日系社会の重鎮として各種日系団体の役職を務めながら、オーストラリア開教をめざして現地の僧の育成に取り組んでいる。

主な著作に『慈しみと悲しみ』『人生の要領の悪い人へ』『娑婆を読む』『生きるとはなぁ』『生きよ まず生きよ』『ハワイ日系米兵―私たちは何と戦ったのか』『画文集・シルクロードの仏たち』『365日を穏やかに過ごす心の習慣。』など。京子夫人は比叡山で修行、尼僧の資格を取得、別院の教育事業と住職の出版活動を支えている。

荒了寛公式サイト　http://www.tendaihawaii.org/

こだわらない とらわれない

2014年10月2日　　初版発行

著　者　荒 了寛
発行者　太田　宏
発行所　フォレスト出版株式会社
〒162-0824 東京都新宿区揚場町2-18　白宝ビル5F
電話　03-5229-5750（営業）
03-5229-5757（編集）
URL　http://www.forestpub.co.jp

印刷・製本　シナノ印刷株式会社

ISBN978-4-89451-635-9　Printed in Japan